SEKUNDARSTUFE I+II

La francophonie dans le monde

Le Cameroun, le Québec et la Martinique

Lernjahre 3 – 5

Frank Reza Links

Cornelsen

Autor
Dr. Frank Reza Links studierte an der Universität des Saarlandes in Saarbrücken sowie an der Universidad Complutense in Madrid. Nach seiner wissenschaftlichen Tätigkeit an den Universitäten Bonn und Köln ist er Studienrat für die Fächer Französisch und Spanisch am Engelbert-von-Berg-Gymnasium in Wipperfürth sowie Moderator für die Bezirksregierung Köln. Zu seinen didaktischen Schwerpunkten gehören das Hör- und Hörsehverstehen sowie die interkulturelle Kompetenz.

Alle aufgeführten Systeme und Tools stellen nur Beispiele für die Unterrichtsgestaltung dar. Bitte stimmen Sie sich mit Ihrer Schulleitung dazu ab, welche Systeme oder Tools an Ihrer Schule im Rahmen der Unterrichtsgestaltung genutzt werden dürfen.

Projektleitung: Juliane Maaß, Berlin
Redaktion: Judith Krieg, Berlin
Umschlagkonzeption/Gestaltung: Jule Kienecker, Berlin
Umschlagabbildungen: Hintergrund: Shutterstock.com/Naoki Kim; Robbe: Shutterstock.com/VectorsMarket; Shutterstock.com/Miceking; Nilpferd: Shutterstock.com/Varlamova Lydmila; Schildkröte: Shutterstock.com/Alfmaler; Flaggen v. o. n. u.: Shutterstock.com; Shutterstock.com/Lukasz Stefanski

Layout/Technische Umsetzung: Ludger Stallmeister, Wuppertal

www.cornelsen.de

1. Auflage 2022

Druck: H. Heenemann, Berlin

ISBN 978-3-589-16675-6

PEFC zertifiziert
Dieses Produkt stammt aus nachhaltig bewirtschafteten Wäldern und kontrollierten Quellen.

www.pefc.de

Inhalt

Vorwort

Schon längst nimmt die frankophone Welt außerhalb Frankreichs eine wichtige Rolle im Französischunterricht ein. Die Settings in der Sprachlernphase spielen sich nicht mehr nur unter dem Eiffelturm oder an der Côte d'Azur ab, sondern lassen die Blicke über den Atlantik und das Mittelmeer schweifen und setzen Nordamerika, Afrika oder die Karibik in Szene. Auf diese Weise lernen die Schülerinnen und Schüler ausgewählte Regionen näher kennen und erfahren, welchen Stellenwert das Französische als Weltsprache hat.

Mit dem vorliegenden Arbeitsheft kann die Reise in die französischsprachige Welt weitergehen. Hier werden schulformübergreifend und lehrwerksunabhängig Kopiervorlagen auf dem Referenzniveau A2–A2+ zur Verfügung gestellt. Diese können entweder ergänzend zum jeweiligen Unterrichtsthema oder völlig losgelöst, z. B. im Rahmen einer Projektwoche oder beim Stationenlernen, eingesetzt werden. Die regionalen Schwerpunkte Québec, Kamerun und Martinique werden von einführenden Arbeitsblättern zur Frankophonie im Allgemeinen und einem (abschließenden) Quiz eingerahmt. Jede Region wird durch Arbeitsblätter eingeführt, die den jeweiligen Schwerpunkt geografisch und zum Teil auch (sprach-)historisch verorten. Die thematische Auseinandersetzung mit den Regionen bietet Einblicke in die Bereiche Geschichte, Geografie, Kulinarik, Kultur, Tourismus oder Sport. Dabei verfolgt sie zugleich auch immer ein Methoden- und Kompetenztraining. Auf diese Weise stellen die Materialien zur Ergänzung des eigenen Unterrichts ein breites Angebot an unterschiedlichen Zugängen zur Verfügung. Neben der interkulturellen Kompetenz als übergeordneter Kompetenz wird auch die transkulturelle Ebene berücksichtigt. Vor allem bei touristischen Themen werden außerdem die Bereiche Verbraucher*innenbildung sowie Nachhaltigkeit in den Blick genommen.

Die Kopiervorlagen sind immer nach einem Dreischritt aufgebaut: Zunächst gibt es eine einführende Phase zur Vorentlastung und Vorbereitung auf das Thema. Darauf folgt eine Erarbeitungsphase, die unterschiedliche Texte und Medien zur Grundlage hat. Den Abschluss bildet der Teil »Pour aller plus loin«, der die Möglichkeit bietet, den behandelten Aspekt zu vertiefen. Sofern das themenspezifische Vokabular vom bisher vorhandenen Wortschatz stark abweicht, finden sich in der Regel immer Vokabelangaben zu unbekannten Wörtern. Gleichwohl kann es nötig sein, die Arbeitsblätter mithilfe von zusätzlichen sprachlichen Mitteln an die Lerngruppe anzupassen.

Nun wünsche ich Ihnen viel Spaß beim Entdecken und Lernen!

Frank Reza Links

Übersicht und Hinweise

	Lesen	Sprechen/ Präsentieren	Schreiben	HV/HSV	Sprach-mittlung	Wortschatz	Medien-Kompetenz	Verbraucher-bildung	Nachhaltig-keit
I. Bienvenue dans le monde francophone									
KV 1 C'est quoi la francophonie ?	X	X					X		
KV 2 L'histoire du français dans le monde	X		X				X		
II. Bienvenue au Cameroun									
KV 3 Où est-ce qu'on parle français en Afrique ?		X					X		
KV 4 La galerie des personnalités		X					X		
KV 5 Le quiz sur le Cameroun		X				X			
KV 6 Les Lionnes Indomptables : L'équipe féminine de foot du Cameroun	X		X				X		
KV 7 Comment préparer des toffees camerounais ?	X	X							
KV 8 L'histoire coloniale du Cameroun	X				X				
KV 9 Le carnaval au Cameroun	X		X						

	Lesen	Sprechen/ Präsentieren	Schreiben	HV/HSV	Sprachmittlung	Wortschatz	Medien-Kompetenz	Verbraucher-bildung	Nachhaltig-keit
III. Bienvenue au Québec									
KV 10 Où est-ce qu'on parle français en Amérique du nord ?	X	X							
KV 11 Le Québec : Une rencontre avec le Canada francophone			X			X	X		
KV 12 La production du sirop d'érable				X	X				
KV 13 La Gaspésie, organiser un voyage dans une région québécoise		X					X	X	X
KV 14 Le 24 juin – la fête nationale au Québec	X	X					X		
KV 15 Le carnaval au Québec	X				X				
IV. Bienvenue en Martinique									
KV 16 D'île en île : Un voyage aux Caraïbes francophones	X				X				
KV 17 La Martinique, l'île aux fleurs	X	X				X			
KV 18 La canne à sucre de la Martinique	X						X	X	
KV 19 Faire une excursion dans la forêt tropicale	X	X							X
KV 20 Être dans l'eau, c'est beau !		X				X	X	X	
KV 21 Le carnaval en Martinique	X					X			
V. La francophonie dans le monde									
KV 22 Le grand quiz sur la francophonie : Fais le bilan de connaissances									

C'est quoi la francophonie ?

Découverte

1. *Lis les textes suivants et retrouve l'image qui correspond. Pour chaque image il y a une lettre. Écris les lettres dans le bon ordre et note la solution. Quel mot est-ce qu'on cherche ?*

1) Je suis l'attraction la plus jeune de Montréal et la plus grande de mon style dans tout le Canada. Si tu me visites, tu peux voir toute la ville d'en haut. Dans mon pays, on parle anglais, mais dans ma province, on parle surtout français.	a)	 Shutterstock.com/ Nina Thiel Design
2) Autrefois j'étais le grand Palais Sans Souci, mais aujourd'hui je suis une ruine. Tu me trouves dans un parc national historique à Milot en Haïti. Sur mon île, il y a encore un deuxième pays dans lequel on parle espagnol. Mais chez moi, on parle français et créole haïtien. C'est un mélange entre des langues africaines et françaises.	c)	 Shutterstock.com/ Lukasz Janyst
3) Nous sommes des animaux typiques de beaucoup de régions sur notre continent. Là, on se trouve dans une réserve à Dakar au Sénégal. Tu sais que beaucoup de pays de l'Afrique sont francophones ?	p)	 Shutterstock.com/ Juan Carlos Alonso Lopez
4) Mon pays est très connu pour ses montagnes, ses montres de luxe, les Alpes et la fondue au fromage. Mais il existe aussi une région où on parle français et à Genève il y a un siège des Nations Unies. Tu savais qu'il y a quatre langues officielles en Suisse ?	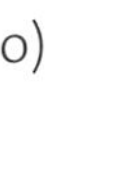 o)	 Shutterstock.com/ Daniela Constantinescu
5) Si tu vas au marché en Tunisie, tu peux toujours nous trouver. Dans mon pays, on parle surtout arabe, mais on comprend et parle aussi français.	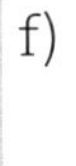 f)	 Shutterstock.com/ PatrickLauzon photographe
6) Tu aimes faire des sports extrêmes dans la mer et pratiquer ton français ? Viens en Océanie, par exemple à Nouméa, la plus grande ville de la Nouvelle-Calédonie. D'autres îles francophones sont par exemple Wallis et Futuna ou encore la Polynésie française.	n)	 Shutterstock.com/Hajakely

Autor: Frank Reza Links: »La francophonie dans le monde«, Lernjahre 3–5

7) Je suis une spécialité typiquement belge et tu peux m'acheter par exemple dans un café à Bruxelles, la capitale de mon pays trilingue. Ici, on parle non seulement français, mais aussi flamand et allemand. Cette grande ville de la Belgique est aussi le siège du Conseil européen.	e)	 Shutterstock.com/ Benny Cottele
8) Les gens m'appellent l'emblème de Paris et beaucoup de touristes viennent me visiter. Est-ce que tu connais encore d'autres attractions qui se trouvent dans la capitale de la France ?	r)	 Shutterstock.com/CMORimages
9) Bienvenue en Louisiane, un état des États-Unis. Eh oui, ici une minorité du sud parle encore français, mais ce n'est pas une langue officielle.	i)	 mauritius images/SagaPhoto
10) Peut-être tu connais King Julien, un membre de notre famille. Tu peux nous trouver au Madagascar. C'est une des îles africaines, comme les Comores ou les Seychelles dans l'Océan Indien où le français est une langue officielle.	o)	 Shutterstock.com/ Natalia Bratslavsky
11) « Bonjou ! » Tu as compris ? C'est du créole guyanais et c'est ainsi que l'on se salue ici. Tu veux faire un voyage dans l'espace ou tu es fan d'astronomie ? Alors, viens à Kourou au Centre spatial guyanais.	h)	 stock.adobe.com/ Markus Mainka
12) Salut ! Je suis un animal qui existe seulement en Antarctique. Imagine ! Même ici il y a une partie qui parle français, c'est la Terre Adélie.	n)	 Shutterstock.com/FenlioQ

La solution : _ _ _ _ _ _ _ _ _ _ _ _

Autor: Frank Reza Links: »La francophonie dans le monde«, Lernjahre 3–5

Lire et comprendre

2. *Tu as trouvé la bonne solution ? Super ! Pour bien comprendre les textes, complète les phrases suivantes avec la réponse correcte.*

   a) Sur quelle île est-ce qu'il y a deux pays ? C'est ______________________.

   b) Combien de langues officielles est-ce qu'il y a en Suisse ? Il y a ______________________

   ____.

   c) Comment s'appellent les îles de l'Océanie ? Ce sont ______________________

   ____.

   d) Dans quelle ville se trouve le Conseil européen ? Il se trouve à ______________________.

   e) Vrai ou faux ? Réponds à l'aide du mot-clé du texte.
   En Louisiane, il y a beaucoup de personnes qui parlent français.

   ____

   ____.

   f) Dans quelle région francophone est-ce qu'on peut trouver des pingouins ?

   C'est en ______________________.

   g) On parle français sur tous les continents. Vrai ou faux ?

   Tu peux expliquer à l'aide des informations. ______________________

   ____

3. *Maintenant, explique le mot « francophonie » à l'aide de ces mots-clés : régions (f.), langue (f.), monde (m.).*

   ____

   ____.

Pour aller plus loin

4. *Pour en savoir plus, vous allez travailler à deux, trois ou à quatre. Choisissez un des douze pays francophones et faites une recherche sur Internet. Ensuite, préparez un exposé (sur une affiche ou une présentation numérique) dans lequel vous allez donner des informations sur : la situation géographique, le nombre d'habitants et quelques particularités culturelles, sportives, biologiques/zoologiques, géographiques, économiques ou historiques. C'est à vous de choisir. Ensuite, présentez votre exposé à l'oral.*

L'histoire du français dans le monde

Découverte

1. *Lis le titre. Qu'est-ce que tu sais déjà et qu'est-ce que tu veux savoir sur l'histoire du français dans le monde ? Réfléchis d'abord, ensuite, échangez vos idées à deux. A la fin, faites une mise en commun en classe. Vous pouvez noter vos idées sous forme de nuage de mots ou dans un associogramme au tableau. Puis, lis le texte.*

Lucie, la Langophile

Bonjou' tout le monde !

Merci de visiter mon blog. Comme vous le savez, je m'intéresse aux langues et aux cultures. J'ai toujours envie d'apprendre une autre langue étrangère parce que je pense que c'est le moyen idéal pour entrer en contact avec les gens. Vous vous souvenez ? Une fois, je vous ai parlé de mon expérience à New York où j'ai commandé quelque chose en espagnol dans un magasin parce que le vendeur était d'origine cubaine. J'en ai profité parce que j'ai toujours été plus forte en espagnol qu'en anglais. « MDR » Si vous ne connaissez pas l'histoire, lisez mon article – vous allez bien rigoler. Mais aujourd'hui, je voudrais écrire sur la présence du français dans le monde. Car j'ai l'impression que c'est quelque chose qui vous intéresse beaucoup. Au cours des dernières semaines, j'ai eu plein de messages de mes lecteurs et lectrices qui demandent pourquoi on parle français un peu partout dans le monde.

Shutterstock.com/Francisco Rodriguez Herna

Comme ma langue maternelle est le français, je peux voyager à tous les continents sans forcément devoir parler une autre langue. C'est pratique. On sait qu'il y a plus de 300 millions de personnes qui parlent français et le nombre va encore être plus grand dans le futur. Actuellement, le français est en cinquième position des langues les plus parlées dans le monde. C'est énorme, vous ne trouvez pas ? Comment se fait-il ? Alors, je vais essayer de vous expliquer en quelques mots. Ce n'est pas facile et il va y avoir des aspects que j'ai oubliés. Donc, désolée ! Vous allez voir, il y a deux raisons principales : Premièrement, il faut parler d'histoire. Oui, je sais. C'est pourquoi je vais tenter de faire court. Alors, en Europe, les pays n'ont pas toujours existé comme aujourd'hui. Autrefois, le français était donc la langue des rois et des nobles qui ont régné dans une certaine région. Mais ce n'est pas tout : Le français est également la langue des colonisateurs. Les Français ont commencé à coloniser des territoires en Amérique, mais aussi en Asie et surtout en Afrique. Ils ont alors imposé leur langue dans l'administration et l'enseignement : les élèves ont appris à lire et à écrire en français. Même s'il n'y a plus de colonies françaises, la langue est restée et dans beaucoup de pays elle a toujours un caractère officiel.

Et deuxièmement, l'école en général est l'autre raison pour laquelle on parle français parce que dans de nombreux pays, c'est tout simplement une langue étrangère. Comme moi, j'apprends l'anglais et l'espagnol, d'autres personnes apprennent le français. Voilà ! C'est très court, mais j'espère que cela vous aide à mieux comprendre. Si vous avez encore des questions ou des informations, laissez-moi un commentaire !

Gros bisous et à tantôt – comme disent mes amis du Québec

Lucie

Shutterstock.com/nito

Lire et comprendre

2. *Lis les questions suivantes et réponds dans ton cahier.*
   a) Pourquoi est-ce que Lucie a parlé en espagnol à New York ?
   b) Combien de personnes parlent français actuellement ?
   c) Dans quels domaines est-ce que les colonisateurs ont imposé le français ?
   d) Quel est le rôle de l'école aujourd'hui pour le français dans le monde ?

Pour aller plus loin

Au choix :

3. *Vous allez travailler à deux, trois ou à quatre. Choisissez une région ou un pays francophone et faites une recherche sur Internet. Les sites, comme par exemple de l'Organisation Internationale de la Francophonie, sont conseillés. Ensuite, répondez aux questions sous forme d'affiche ou de présentation numérique.*
   - Quel est le statut de la langue française dans cette région ou ce pays (p. ex. officielle, co-officielle) ?
   - Est-ce que le français est la seule langue que l'on y parle ?
   - Combien de personnes y parlent français comme langue maternelle ?

4. *Le français en Europe, en Amérique, en Afrique du nord, en Afrique de l'ouest / l'est, en Asie et en Océanie. Quels sont les pays où le français est une langue (co-)officielle ? Est-ce qu'il y a encore d'autres langues officielles ? Lesquelles ? Combien de locuteurs et locutrices est-ce qu'il y a ? Fais une recherche et écris une entrée de blog.*

Où est-ce qu'on parle français en Afrique ?

Découverte

1. *Lis le texte suivant et raconte en une ou deux phrases (à l'oral ou à l'écrit) de quoi il parle.*

Fréd le francofou

Salut à toutes et à tous et bienvenue sur mon blog !

Le saviez-vous ? L'Afrique compte plus de 50 pays. Le nombre exact varie toujours entre 54 et 55, voire 59. Donc, je préfère ne pas dire de bêtises. Mais en tout cas, j'ai découvert que parmi cette cinquantaine de pays, plus de la moitié est francophone. C'est-à-dire qu'il y a 21 états africains dans lesquels le français est une langue officielle et on peut encore ajouter deux îles françaises qui se trouvent sur le continent. Mais il y a aussi des pays africains dans lesquels on parle encore beaucoup français, bien que la langue ne soit plus officielle. Donc, on peut dire qu'il y a au total plus de trente pays francophones en Afrique. De plus, on peut dire qu'un tiers de la population africaine vit dans un pays francophone – cela fait de l'Afrique le continent avec le plus grand nombre de locuteurs et locutrices au monde. C'est ouf, vous ne trouvez pas ? Laissez-moi un commentaire et dites-moi ce que vous en pensez. Est-ce que vous arrivez à retrouver toutes les régions en Afrique où le français est la langue officielle ?
Bises, Fréd

2. MK *Tu trouves ci-dessous la carte de l'Afrique et une liste des 21 états africains et des deux îles françaises. Sur la carte, il y a des numéros. Lance une recherche dans l'atlas ou sur Internet, retrouve le pays sur la carte et écris le numéro dans la liste. Ensuite, colorie toutes ces régions.*

	Bénin
	Burkina Faso
	Burundi
	Cameroun
	Comores
	Côte d'Ivoire
	Djibouti
	Gabon
	Guinée
	Guinée équatoriale
	La Réunion
	Madagascar
	Mali
	Mayotte
	Niger
	République centrafricaine
	République démocratique du Congo (RDC)
	République du Congo (RC)
	Rwanda
	Sénégal
	Seychelles
	Tchad
	Togo

Shutterstock.com/Paul Stringer

Autor: Frank Reza Links: »La francophonie dans le monde«, Lernjahre 3–5

Recherche et présenter

3. *Travaillez à deux. Présentez la situation géographique d'au moins deux régions.*

La situation géographique d'un pays, d'une région, d'une zone ou d'une ville :

X se situe / se trouve **au** nord / au sud / à l'est / à l'ouest / au centre (de...) / à la frontière avec
= X befindet sich / liegt nördlich von ... / grenzt an ...

→ **außerhalb** eines Landes / einer Stadt

Mais Y se situe **dans** le nord, sud, l'est, l'ouest, le centre (de...)

= Y befindet sich / liegt nördlich von ... → **innerhalb** eines Landes, einer Stadt

Pour aller plus loin

4. *Laisse un commentaire sur le blog de Fréd et dis-lui aussi ce que tu as remarqué après avoir colorié toutes les régions.*

Autor: Frank Reza Links: »La francophonie dans le monde«, Lernjahre 3–5

La galerie des personnalités

Découverte

1. Voici une liste de personnes célèbres qui ont des origines d'un pays francophone en Afrique. Regarde les photos. Est-ce que tu connais quelqu'un ? Qu'est-ce que tu peux nous dire sur la personnalité importante ?

1

Shutterstock.com/ Avis De Miranda

Willy William, chanteur

2

Shutterstock.com/ taniavolobueva

Gims, chanteur

3

Shutterstock.com/S. Kuelcue

Angelique Kidjo, chanteuse

4

Shutterstock.com/criben

Fatoumata Diawara, chanteuse

5

Shutterstock.com/Tinseltown

Akon, chanteur

6

Shutterstock.com/Vlad1988

Paul Pogba, joueur de foot

7

Shutterstock.com/Review News

Bilal Hassani, chanteur et youtubeur

8

Shutterstock.com/ Bukharev Oleg

Illimane Diop, joueur de basket

9

Shutterstock.com/Photo Works

Eliaquim Mangala, joueur de foot

10

Shutterstock.com/AGIF

Didier Drogba, joueur de foot

11

Shutterstock.com/Vlad1988

Karim Benzema, joueur de foot

12

Shutterstock.com/Eugene Powers

Mati Diop, actrice

13

Shutterstock.com/DFree

Anna Diop, actrice et modèle

14

Shutterstock.com/Yacinefort

Aya Nakamura, chanteuse

15

Shutterstock.com/DFree

Isaach de Bankolé, acteur

16

Shutterstock.com/Tinseltown

Djimon Hounsou, acteur

17

Shutterstock.com/Frederic Legrand - COMEO

Omar Sy, acteur

18

Shutterstock.com/GIO_LE

Khaby Lame, tiktokeur

Autor: Frank Reza Links: »La francophonie dans le monde«, Lernjahre 3–5

Rechercher et présenter

2. *Choisis une star, et fais une recherche sur Internet. Puis, présente sa biographie à l'aide de la fiche ci-dessous. Tu peux créer un poster, une présentation numérique, un podcast ou une vidéo.*

Nom	
Date et lieu de naissance	
Lieu de résidence	
Parcours professionnel	
Les plus grands succès	

Pour présenter la biographie, tu peux dire:

Il/elle est né·e en (année) à (ville) en / au / aux / à l' (pays)

Il/elle habite/vit/réside actuellement à (ville) en / au / aux / à l' (pays)

D'abord, il/elle a fait ..., **ensuite/puis ..., en outre ..., de plus / en plus ..., pour finir, ...**

Parmi ses plus grands succès, il faut noter/mentionner...

Pour aller plus loin

3. *Tu connais encore une autre personnalité francophone d'origine africaine qui ne figure pas dans la galerie ? Tu peux aussi faire la présentation de scientifiques ou d'autres artistes, par exemple.*

4. *Prends des notes d'au moins deux autres présentations.*

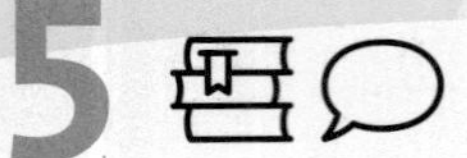

Le quiz sur le Cameroun

Découverte

1. *Regarde les photos suivantes. Choisis-en une et décris-la. Qu'est-ce que tu vois sur la photo ? Pourquoi est-ce que tu l'as choisie ? Qu'est-ce que tu aimerais en savoir plus ?*

1 Shutterstock.com/Homo Cosmicos **Baobab**	2 Shutterstock.com/Scarabea **Yaoundé**
3 Shutterstock.com/Pvince73 **Lobé**	4 Shutterstock.com/Radek Borovka **Hippopotame**
5 Shutterstock.com/Heiko Kiera **Mamba vert**	6 Shutterstock.com/ Anna Klepatckaya **Lion**
7 Shutterstock.com/AGIF **Lions Indomptables**	8 Shutterstock.com/sweeann **Bilingue**
9 Shutterstock.com/Kty68 **Christianisme**	10 Shutterstock.com/ Patrice Emery NYOM BIYA **Poulet DG**

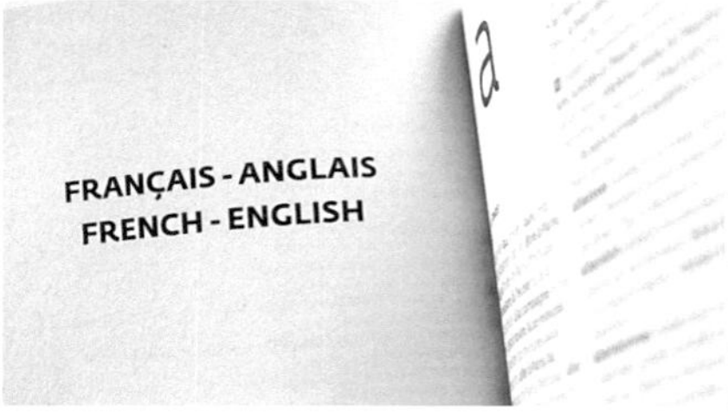

Autor: Frank Reza Links: »La francophonie dans le monde«, Lernjahre 3–5

11

Shutterstock.com/ Studio Light and Shade

Tam tam

12

Shutterstock.com/ anastasiya adamovich

Balafon

13

Shutterstock.com/imaskul

Drapeau

14

Shutterstock.com/Scarabea

Rhumsiki (le mont de)

Lire et rechercher

2. Au secours ! Il y a des mots en rapport avec le Cameroun qui sont cachés dans la grille. Quand tu les trouves, tu peux les entourer. Un petit tuyau : les mots que l'on cherche se trouvent dans l'exercice n° 1.

A	P	Y	T	O	N	B	M	A	F	P	R	T	U	S	D	A	E	V	B
G	T	N	M	E	A	U	T	L	G	O	B	Y	D	R	A	P	E	A	U
R	A	S	T	M	D	A	L	O	B	U	T	B	N	H	M	O	U	L	E
V	A	U	B	A	O	B	A	B	O	L	É	R	T	U	U	R	A	B	O
G	U	A	N	M	O	A	L	É	F	E	O	I	A	M	L	Y	V	I	P
X	Y	N	O	B	I	L	A	F	O	T	O	A	E	S	H	A	U	L	T
Z	O	U	K	A	L	A	V	A	N	D	E	T	A	I	O	O	L	I	N
H	I	P	P	V	I	F	C	H	R	G	D	R	A	K	O	U	N	N	É
Y	O	U	N	E	A	O	B	A	B	Y	D	E	L	I	O	N	O	G	T
F	I	L	O	R	A	N	I	S	T	I	T	A	B	O	U	D	É	U	M
È	L	D	E	T	O	U	R	A	L	E	A	F	A	I	T	É	B	E	M
B	E	L	L	E	R	O	S	E	B	A	M	B	O	U	D	F	A	R	C
L	I	O	N	S	I	N	D	O	M	P	T	A	B	L	E	S	E	P	T
O	N	E	T	W	O	E	T	U	I	B	A	L	O	F	T	A	L	P	O
F	T	H	I	P	P	O	P	O	T	A	M	E	S	R	A	U	O	L	T
C	V	B	A	I	T	E	N	T	J	L	E	R	X	C	M	H	G	D	S
P	I	T	F	G	J	B	C	H	R	I	S	T	I	A	N	I	S	M	E

Pour aller plus loin

3 a) *C'est à vous : travaillez à deux ou à trois. Choisissez un mot caché de la grille et faites-en une recherche sur Internet. Ensuite, écrivez une courte information et présentez-la sous forme d'entrée de blog ou d'affiche (numérique).*

b) *Quelqu'un voudrait faire la présentation à l'oral ? Alors, faites un exposé d'une minute pour résumer vos résultats.*

Autor: Frank Reza Links: »La francophonie dans le monde«, Lernjahre 3–5

Les Lionnes Indomptables

Shutterstock.com/Rudie Strummer

Découverte

1. Regarde le dessin et décris ce que tu vois. Puis, formule une idée de quoi pourrait parler le texte.

Lire et comprendre

2 a) Lis le texte et continue avec les tâches ci-dessous.

Coumba au Cameroun

Salut chères lectrices et chers lecteurs,

aujourd'hui, je dois absolument partager avec vous une expérience. Hier, je suis allée voir un match de foot au stade Ahmadou Ahidjo à Yaoundé avec ma mère et mon frère. Mon père n'aime pas trop ce sport, oui oui, donc il est resté à la maison. Bon, d'accord, jusqu'ici, vous allez me dire que tout cela n'a rien d'extraordinaire. Et vous avez peut-être raison. Mais j'ai vu un match des Lionnes Indomptables, l'équipe féminine de foot du Cameroun. Elles ont joué contre les Copper Queens de Zambie. C'était alors un match très important puisque les Lionnes devaient se qualifier pour les Jeux Olympiques de 2020. Donc, l'ambiance au stade était certes extrêmement joyeuse, mais en même temps, on sentait la tension. Comme bonne fan je m'étais habillée en maillot et j'avais maquillé le drapeau camerounais sur mon visage. Tout le monde chantait, dansait, hurlait et il était clair que cette rencontre entre les deux équipes allait être cruciale.

Au début, tout était plutôt tranquille et les Lionnes ont essayé d'attaquer plusieurs fois, mais c'était l'adversaire zambien qui a marqué le premier but vers la fin de la première mi-temps. Mais il restait encore presque 7 minutes avant la pause. Et qu'est-ce qui se passe un tout petit moment après ? C'est trop fou ! Nchout Ajara, ma joueuse préférée en plus, a frappé le ballon et : G-O-A-L ! Ouf, j'étais tellement soulagée parce que ce score nous avait donné la chance de gagner encore le match.

Shutterstock.com/Art studio G

La deuxième mi-temps allait commencer et on avait l'impression que les joueuses camerounaises avaient renouvelé leur esprit combatif et le match a repris son élan. Les Lionnes n'ont pas cessé d'attaquer et de pousser le jeu jusqu'à marquer le second but. Qu'est-ce qu'on a crié de joie ! Mais, il vaut mieux ne pas se réjouir trop tôt. Quelques instants après et les Zambiennes égalisent d'un coup à la 74e minute. Juste avant la fin du match, le score était alors 2-2. Je n'en pouvais plus. Je voulais absolument qu'elles gagnent ! Que se passera-t-il si les Lionnes perdent le match ? J'ai préféré ne plus y penser. Les minutes se sont écroulées incroyablement vite et je sentais que la victoire allait être difficile à atteindre. Encore peu de temps avant le coup de sifflet final de l'arbitre et je n'en croyais pas mes yeux : les Lionnes marquent le troisième goal et remportent la gloire de ce match. On a encore fait la fête dans les rues et en rentrant à la maison, même mon père a souri un peu. Il a eu un message vocal sur son smartphone. Ma mère

Autor: Frank Reza Links: »La francophonie dans le monde«, Lernjahre 3–5

m'avait enregistrée en train de hurler de tout mon âme après le match. On en a bien rigolé !

Est-ce que vous avez vu le match aussi ? Ou est-ce que vous avez déjà fait une autre expérience pendant un match ou un championnat important ? Laissez-moi un commentaire.

À la prochaine, Coumba

2 *b) Coche avec une croix le bon résumé.*

☐ C'est un récit d'une jeune fille qui parle d'un match entre les équipes de foot féminin du Cameroun et de la Zambie.	☐ C'est une entrée de blog écrite par Coumba et publiée après un match de foot. Elle y raconte comment elle a vécu cette rencontre entre entre l'équipe camerounaise et l'équipe zambienne.	☐ C'est une entrée de blog de Coumba. Les Lionnes ont gagné et les Zambiennes ont perdu.

c) Où est-ce que le match a lieu ?

____

d) Pourquoi est-ce que c'est un match important ?

____

____

e) Qu'est-ce qui se passe avant le coup de sifflet de l'arbitre ?

____

____

f) Coumba raconte qu'elle était très tendue. Explique la raison pour laquelle elle s'est sentie ainsi.

____

____

Pour aller plus loin

Au choix :

3. *Tu as lu le texte de Coumba et tu veux lui répondre. Écris un petit commentaire et raconte tes expériences pendant un match ou un championnat.*
4. *Tu veux savoir plus sur les Lionnes Indomptables. Fais une recherche sur Internet et prépare une présentation numérique. N'oublie pas de citer tes sources.*

Comment préparer des toffees camerounais ?

Découverte

1. Est-ce que tu as déjà fait des bonbons à la maison ? Si oui, raconte !

Lire et comprendre

2 a) Lis le texte suivant et réponds aux tâches ci-dessous.

Salut sur mon site de « Délices africains » !

Aujourd'hui je vous présente une recette super facile pour préparer un bonbon que l'on mange non seulement au Cameroun : le toffee !

Alors, qu'est-ce qu'il vous faut ?

Les ingrédients :

Une boîte de lait condensé

2 cuillères d'huile (d'arachide ou de sésame p. ex. Mais si vous n'en avez pas, prenez de l'huile de tournesol ou colza)

1 cuillère d'eau

1 cuillère à café de vanille ou de sucre vanillé, si vous voulez

Shutterstock.com/ Natali Zakharova

Shutterstock.com/ patoouu pato

Les étapes :

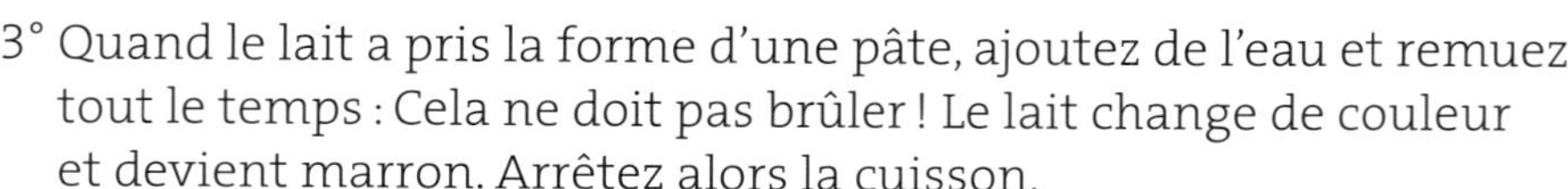

1° Tout d'abord, chauffez l'huile à feu moyen dans une marmite.

2° Puis ajoutez le lait condensé (et la vanille), puis remuez régulièrement. Le lait devient peu à peu solide. Cela peut prendre jusqu'à 10 minutes.

Shutterstock.com/art nick

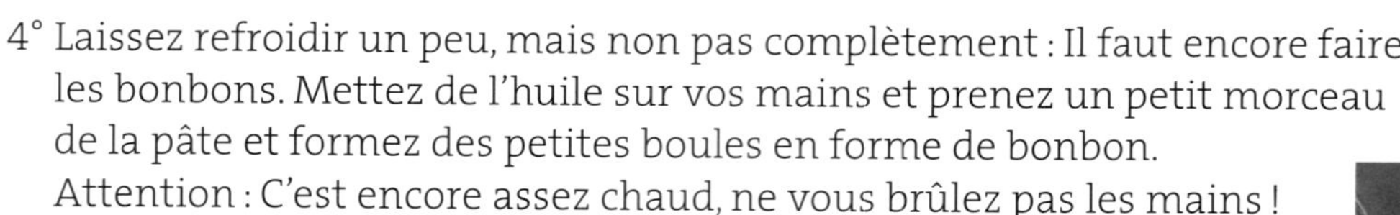

3° Quand le lait a pris la forme d'une pâte, ajoutez de l'eau et remuez tout le temps : Cela ne doit pas brûler ! Le lait change de couleur et devient marron. Arrêtez alors la cuisson.

Shutterstock.com/Michel Cellier

4° Laissez refroidir un peu, mais non pas complètement : Il faut encore faire les bonbons. Mettez de l'huile sur vos mains et prenez un petit morceau de la pâte et formez des petites boules en forme de bonbon. Attention : C'est encore assez chaud, ne vous brûlez pas les mains !

5° Laissez refroidir et puis, dégustez. Mmm, quel délice ! Dans un récipient, vous pouvez garder les bonbons jusqu'à quatre semaines.

Shutterstock.com/Laura San Francisco

b) Mince ! Les photos ne sont pas dans le bon ordre. Écris le numéro de la bonne étape sous la photo correspondante.

Pour aller plus loin

3. Préparez les bonbons à la maison ou à l'école et puis, dégustez une friandise typique du Cameroun !

4. Tournez une vidéo dans laquelle vous montrez et commentez la préparation des bonbons.

Autor: Frank Reza Links: »La francophonie dans le monde«, Lernjahre 3–5

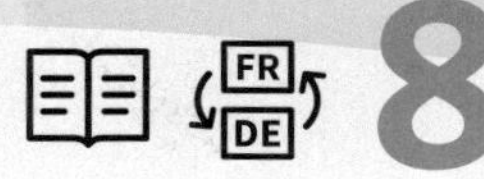

L'histoire coloniale du Cameroun

Découverte

1. À quoi est-ce que tu penses quand tu entends le mot « colonialisme » ? Copie l'associogramme ci-dessous dans ton cahier et complète-le. Tu peux aussi écrire des mots en allemand, en espagnol ou en anglais. Ensuite compare avec ton/ta partenaire et ta classe.

Lire, comprendre et faire une médiation

2 a) Lis le texte suivant et fais les activités ci-dessous.

Le Cameroun à fond

Salut à toutes et à tous,
Comme vous me connaissez bien, je m'intéresse beaucoup à l'histoire du Cameroun et j'ai déjà écrit d'autres entrées que vous pouvez trouver sur mon blog.

Il y a quelques jours, j'ai reçu ce message : « Salut Fleur, aujourd'hui, le français et l'anglais sont les langues officielles du Cameroun. Mais ça, ce n'est pas nouveau pour toi. Mais savais-tu que l'on y parlait également allemand pendant un certain temps ? Et tu sais aussi pourquoi ? Merci d'avance ! » Je trouve que ces questions sont très importantes et j'ai décidé alors de vous écrire une nouvelle entrée.

Mais avant de commencer, je voudrais encore vous dire que le Cameroun tire son nom du portugais, car aux 15e et 16e siècles les marins du Portugal y avaient découvert de nombreux crabes, c'est-à-dire des *camarãos*, à l'embouchure du fleuve. Très tôt la côte africaine a donc été intéressante pour le commerce européen. Cependant, non seulement le lieu, mais aussi des matières premières, en particulier le caoutchouc et l'huile de palme, ainsi que des produits agricoles comme les bananes ou les arachides, attiraient les marchands allemands en plus des grandes puissances maritimes comme la Grande-Bretagne et la France. C'est ainsi qu'au milieu du XIXe siècle, la société hambourgeoise C. Woermann a créé une factorerie, c'est-à-dire une succursale, sur la côte camerounaise. C'était alors le début du commerce de troc entre des marchandises d'Europe centrale et d'Afrique de l'Ouest. Afin de protéger la position allemande et la vente de leurs produits contre les Britanniques et les Français, le chancelier Otto von Bismarck a envoyé l'explorateur Gustav Nachtigal dans les territoires en 1884. En juillet de la même année, des négociations ont eu lieu avec le chef de tribu des Douala, le roi Bell, ainsi qu'avec d'autres chefs. C'est avec les commerçants allemands que l'on a signé un traité de protection qui a transféré les droits souverains aux Allemands en échange d'une somme généreuse. La région du Cameroun est devenue alors la deuxième colonie de l'Empire allemand, après l'Afrique allemande du Sud-Ouest, l'actuelle Namibie. Mais la protection des populations indigènes n'a jamais été l'objectif des marchands et des dirigeants coloniaux. Au cours des années suivantes, on a trouvé plusieurs accords avec les Britanniques et les Français sur la délimitation des frontières. En même temps, on a entrepris des expéditions à l'intérieur du pays pour accéder à des routes commerciales et pour obtenir des matières premières.

Shutterstock.com/Everett Collection
Otto von Bismarck

Pourtant, ces explorations étaient souvent violentes et sanglantes. De nombreux indigènes ont été soumis ou forcés à un travail non rémunéré pendant cette période. Mais le petit-fils de King Bell, Rudolf Manga Bell (1873–1914), ne voulait plus supporter cette situation. Quand il était encore un enfant, il a bénéficié d'une éducation scolaire allemande. Il a même passé plusieurs années chez une famille d'accueil dans la ville souabe d'Aalen et c'est même en Allemagne où il a passé son baccalauréat. Il connaissait donc la langue, la culture et la politique étrangère du régime colonial. En 1905, avec plus de 20 autres chefs camerounais, il a écrit une lettre ouverte au Reichstag allemand pour dénoncer les abus du gouverneur Jesko von Puttkamer. Mais la lettre est restée sans conséquence. La situation de la population indigène s'est encore aggravée à partir de 1910, lorsque le gouverneur Otto Gleim a pris en charge l'urbanisme de Douala. Il s'agissait de délimiter des espaces de vie distincts pour les Européens blancs et pour les autochtones. Une fois de plus, Rudolf Manga Bell, alors roi de Douala, a appelé le Parlement impérial à respecter le traité de protection de 1884, sous peine d'être obligé à demander le soutien d'autres puissances européennes. L'Empire allemand y voit une trahison et le fait pendre en 1914. Lorsque la Première Guerre mondiale a éclaté, le Reich a continué à perdre sa suprématie dans les colonies africaines et a finalement dû la céder aux Britanniques et aux Français en 1919. Mais il faudra encore attendre le 1er janvier 1960 pour que le Cameroun devienne finalement le premier pays indépendant des colonies françaises en Afrique.

Shutterstock.com/Morphart Creation
Gustav Nachtigal

mauritius images/alamy stock photo/ The History Collection
Rudolf Manga Bell

Aujourd'hui, Rudolf Manga Bell est honoré comme l'un des premiers résistants du Cameroun.

l.24 Douala : nom d'un peuple ethnique de l'Afrique centrale, notamment du Cameroun. Aussi le nom d'une très grande ville camerounaise.
l.26 le traité de protection : der Schutzvertrag
l.29 les indigènes : le peuple qui a habité en premier dans une région; adj. = qc./qn. qui appartient aux indigènes.
l.37 sanglant : blutig
l.54 les autochtones : les indigènes
l.59 faire pendre qn. : jmd. erhängen

b) Comment le dire en allemand ? Copie le tableau dans ton cahier et trouve des explications pour les expressions suivantes.

Expression française	Je comprends ce mot grâce à … (tu écris la traduction vers une autre langue étrangère que tu connais)	Explication allemande
les matières premières		
les grandes puissances maritimes		
les négociations		
l'abus		

c) Pour le blog de ton école, vous devez faire des présentations sur des personnalités importantes qui ont lutté contre les violences coloniales. Tu as trouvé cette entrée et tu fais la médiation sur Rudolf Manga Bell avec les informations centrales de l'article.

Pour aller plus loin

3. *En Allemagne, plus précisément à Berlin, il y a une initiative qui voudrait nommer une place après Rudolf Manga Bell. Fais une recherche sur Internet et présente le statut actuel à ta classe.*

Autor: Frank Reza Links: »La francophonie dans le monde«, Lernjahre 3–5

Le carnaval au Cameroun

Découverte

1. *Est-ce que tu fêtes le carnaval dans ta région ? Si oui, comment est-ce qu'on l'appelle en langue régionale ? Si non, est-ce que tu aimerais le fêter ou est-ce que tu l'as déjà fait ? Discutez en petits groupes et notez vos mots-clés dans le tableau ci-dessous.*

Lire et comprendre

2 a) *Lis le texte suivant et réponds aux questions ci-dessous.*

Au Cameroun, il y a beaucoup de fêtes traditionnelles tout au long de l'année. Elles sont célébrées par les différents groupes ethniques ou religieux. Quelques-unes existent aussi en Europe, comme la fête de Noël, le 25 décembre ou le Ramadan. Le jour de l'an, comme on appelle aussi le premier janvier, est une fête très importante pour le Cameroun. Ce n'est pas seulement le premier jour d'une nouvelle année, mais c'est également le jour de l'indépendance. Il faut savoir que le pays l'obtient le 1er janvier 1960 et c'est alors une date à retenir.

stock.adobe.com/Scarabea

Le même jour, la ville de Foumban dans le nord-ouest, aussi connue comme la cité des arts du Cameroun, attire un grand nombre de gens. Tout le monde vient pour y fêter le carnaval, car cette tradition n'est pas célébrée dans tout le pays. La fête consiste principalement à présenter la richesse culturelle de la région avec des danses et des chants au rythme du tam tam. En plus, il y a un défilé où les gens portent des vêtements et des masques traditionnels. C'est donc une grande fête pour toute la famille.

Autor: Frank Reza Links: »La francophonie dans le monde«, Lernjahre 3–5

b) Vrai ou faux ? Coche la bonne réponse et corrige, s'il le faut.

	V	F
1. On fête le Ramadan le 25 décembre.		
2. Le premier janvier est la fête du carnaval.		
3. Le carnaval est une fête très célèbre au Cameroun.		

c) *Qu'est-ce que c'est le carnaval au Cameroun ? Résume en deux à trois phrases le texte à l'aide des mots-clés : musique, tradition, janvier.*

____

____

____

____

____

Pour aller plus loin

3. *Est-ce que tu voudrais fêter le carnaval au Cameroun ? Explique pourquoi oui ou non.*

4. *Comparez les fêtes de carnaval en Martinique, au Québec et au Cameroun (ou d'autres régions francophones). Est-ce qu'il y a des points communs ou des différences ? Formez un groupe et discutez.*

Autor: Frank Reza Links: »La francophonie dans le monde«, Lernjahre 3–5

Où est-ce qu'on parle français en Amérique du Nord ?

Découverte

1. *Est-ce que tu as une idée où on parle français en Amérique du Nord ? Réfléchis, ensuite échangez vos idées à deux.*

Lire et comprendre

2 a) *Lis le texte suivant et fais les tâches ci-dessous.*

Le français en Amérique du Nord

Hello tout le monde,

Tu pensais qu'on parlait seulement anglais aux États-Unis ? « Eh bien, non! » Il y a même des personnes dont la langue maternelle est le français et qui ne sont pas venues récemment de France. C'est-par exemple le cas en Louisiane et dans le Maine où il y a des villages et des villes avec beaucoup de francophones. Peut-être tu connais New Orleans, la capitale de la Louisiane ? Et là-bas il existe une zone appelée le « Vieux Carré », c'est un quartier francophone avec des maisons toutes anciennes.

Shutterstock.com/Ingo70

stock.adobe.com/Speedfighter

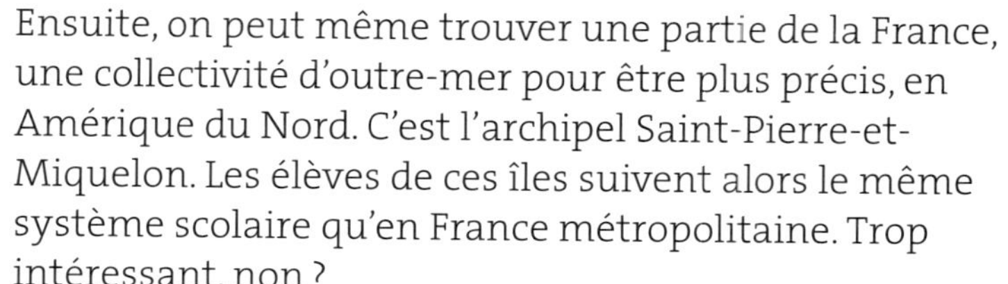

Ensuite, on peut même trouver une partie de la France, une collectivité d'outre-mer pour être plus précis, en Amérique du Nord. C'est l'archipel Saint-Pierre-et-Miquelon. Les élèves de ces îles suivent alors le même système scolaire qu'en France métropolitaine. Trop intéressant, non ?

Shutterstock.com/SF photo

Mais la plus grande partie des francophones en Amérique du Nord vit au Canada. C'est d'ailleurs l'une des deux langues officielles du pays, avec l'anglais. C'est pourquoi on peut rencontrer des francophones un peu partout. Mais la majorité d'entre eux habite au Québec, une des treize provinces canadiennes. Environ 80 % de la population y parle français, donc presque tout le monde. Il y a encore plus d'un tiers de francophones au Nouveau-Brunswick, une autre province du Canada.

Shutterstock.com/Jacques Durocher

Tu te demandes peut-être pourquoi est-ce qu'on parle français en Amérique du Nord ? C'est facile : Au 16e siècle les Français ont entrepris des explorations vers l'ouest et les premiers navigateurs qui sont entrés par le fleuve Saint-Laurent en 1534 étaient des Français, notamment *Jacques Cartier*. C'est lui aussi qui a donné le nom de « Canada » à la région. Ils ont ensuite commencé à s'installer dans les territoires au bord du fleuve, où vivaient déjà des peuples indigènes. Il commence alors une époque coloniale sous la couronne française qui

Shutterstock.com/Morphart Creation

Autor: Frank Reza Links: »La francophonie dans le monde«, Lernjahre 3–5

dure de 1534 à 1763. Mais après, c'étaient les Britanniques qui ont pris le pouvoir. Après beaucoup de disputes et de négotiations, les différentes provinces se sont formées et le Québec a obtenu le droit d'être une région francophone au Canada. Le statut de la langue française y est préservé grâce à la loi 101.

J'espère que tu as aimé mon petit article. S'il te manque des informations, lance une recherche sur Internet et laisse-moi un commentaire et partage avec nous ton savoir !

À tantôt, *Chris*

b) *Lis les phrases suivantes et coche la bonne case (vrai « V », faux « F », on ne sait pas « ? ») et corrige dans ton cahier, s'il le faut.*

	V	F	?
1. Il y a deux états aux États-Unis où on parle français.			
2. Les élèves de Saint-Pierre-et-Miquelon vont à l'école en France métropolitaine.			
3. 80 % de la population du Nouveau-Brunswick parle français.			
4. Les Français ont gagné une guerre contre les Britanniques.			

c) *Tu as lu le texte sur les parties francophones en Amérique du Nord. Fais une recherche dans l'atlas ou sur Internet, retrouve sur la carte ci-dessous les régions dont on parle dans le texte et écris leurs noms à côté. Ensuite, colorie tous ces territoires en une couleur de ton choix et présente leur situation géographique.*

Shutterstock.com/Ad_hominem

La situation géographique d'un pays, d'une région, d'une zone ou d'une ville :

X se situe / se trouve **au** nord / au sud / à l'est / à l'ouest / au centre (de...) / au bord de / à la frontière avec ...

= X befindet sich / liegt nördlich von / am Ufer von / grenzt an ...
→ **außerhalb** eines Landes / einer Stadt

Mais : Y se situe **dans** le nord, sud, l'est, l'ouest, le centre (de...)
= Y befindet sich / liegt nördlich (...) von ...

→ **innerhalb** eines Landes, einer Stadt

Pour aller plus loin

Au choix :

3. *Dans le texte on parle de différents aspects de l'Amérique du Nord francophone. Qu'est-ce qui t'intéresse le plus ? Lance une recherche sur Internet et prépare un mini-exposé de 2 à 3 minutes. Voici quelques idées (Tu peux également proposer un thème) :*
   - la francophonie en Louisiane / au Maine (Combien de personnes ? Où exactement ? Particularités ?)
   - Saint-Pierre-et-Miquelon, une collectivité d'outre-mer. Qu'est-ce que c'est ?
   - Jacques Cartier : courte biographie, principaux voyages
   - le français au Québec : la loi 101

4. *Le français en Amérique du Nord. Une menace pour l'anglais ? Cherchez des arguments pour et contre et jouez un débat en petits groupes.*

Arguments pour	Arguments contre

Autor: Frank Reza Links: »La francophonie dans le monde«, Lernjahre 3–5

Le Québec : Une rencontre avec le Canada francophone

Découverte

1. *Copie le tableau ci-dessous dans ton cahier et remplis-le. Ensuite, comparez à deux ou à trois vos idées et questions.*

Ce que je sais déjà sur le Québec	Ce que je voudrais savoir sur le Québec

Rechercher et comprendre

2. *Fais une recherche sur les mots suivants et explique ce qu'ils veulent dire. Note également la source que tu as consultée sur Internet. Tuyau : N'oubliez pas de chercher dans la rubrique « Images ». Cela peut vous aider.*

Soutien linguistique :

Le/la...	est	un truc	...
		quelque chose	pour+inf./à+inf.
C'est	...		avec lequel/laquelle...

a) la poutine	
b) le Nunavik	
c) la Gaspésie	
d) le Réso	
e) l'érable	
d) le canot à glace	
e) Montréal	
f) le pâté chinois	
g) le 24 juin	
h) le Saint-Laurent	
i) le caribou	
j) le français	

3. *Tu as tout trouvé ? Génial ! Maintenant, écris les mots corrects sous la photo.*

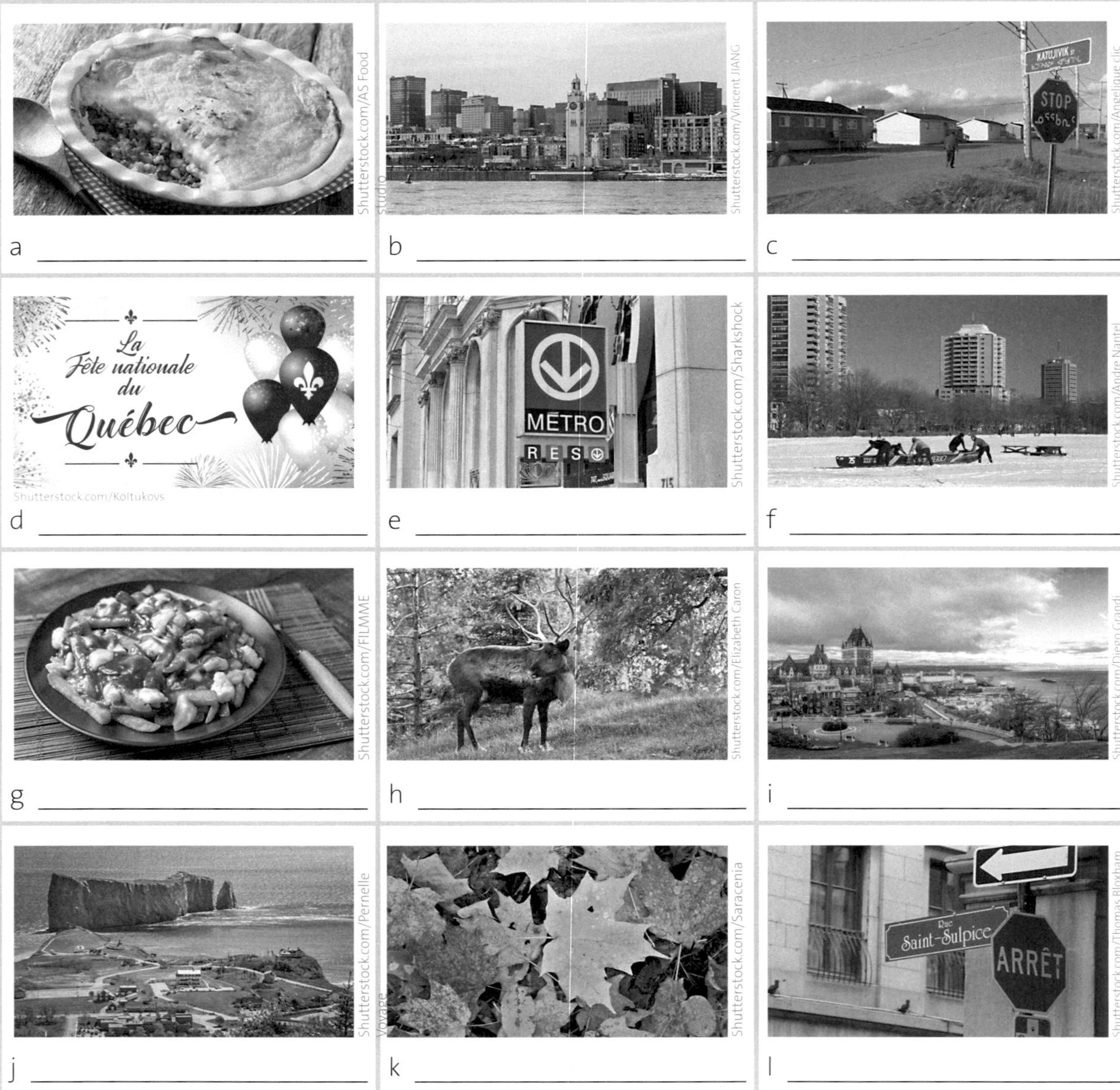

a ____________ b ____________ c ____________

d ____________ e ____________ f ____________

g ____________ h ____________ i ____________

j ____________ k ____________ l ____________

Pour aller plus loin

4. *Tu as fait une petite recherche sur le Québec. Qu'est-ce qui t'as surpris le plus ? Qu'est-ce que tu trouves le plus intéressant ? Raconte et explique tout cela dans un courriel à ton amie Aurélie en Belgique.*

____

____

____

____

____

____

Autor: Frank Reza Links: »La francophonie dans le monde«, Lernjahre 3–5

La production du sirop d'érable

Découverte

1. *Est-ce que tu as déjà goûté le sirop d'érable ? Si oui, raconte. Si non, avec quoi est-ce qu'on peut manger le sirop ?*

Regarder, écouter et comprendre

2. *Cherche sur Internet la vidéo explicative « La production du sirop d'érable » de l'auteur « Érable du Québec » qui a été publiée en 2021. Lis d'abord le vocabulaire utile et ensuite, réponds aux questions ci-dessous.*

Vocabulaire

l'acériculteur	Person, die Ahornsirup herstellt	*l'entaillage*	die Kerbung
la sève	der Saft	*la chaudière*	der Kessel
la récolte	die Ernte	*bouillir*	kochen
le tuyau	der Schlauch	*les acides aminés*	die Aminosäuren

2.1 *Coche la bonne réponse : Cette vidéo présente…*

a) les différentes étapes de production du sirop d'érable.

b) les différentes classes de sirop d'érable.

c) les différentes saisons du sirop d'érable.

2.2 *Quand est-ce qu'on fait l'entaillage pour récolter l'eau d'érable ? Coche la bonne réponse.*

a) au printemps b) en été

c) en automne d) en hiver

2.3 *Qu'est-ce qui permet le plein de sucre ?*

a) l'osmose b) la photosynthèse c) la coulée

2.4 *Complète la phrase par le mot correct.*

« À l'époque on appelait ça une tonne, tirée par des ____________________, des bœufs, des tracteurs ou des motoneiges. »

2.5 *Où est-ce que l'eau d'érable est transportée dans la tubulure ? Coche la bonne réponse.*

a) à la chaudière à sucre

b) à la cabane à sucre

c) à la maison à sucre

2.6 *Corrige la phrase.*

Pendant l'évaporation, « elle sera bouillie jusqu'à 140 degrés celsius ».

____

2.7 *Quelles sont les différences entre les classes de sirop d'érable ? Attention ! Il y a deux réponses correctes.*

a) la couleur

b) le goût

c) le prix

d) la qualité

Pour aller plus loin

Au choix :

3. *As-tu déjà acheté du sirop d'érable dans un magasin chez toi ? Si oui, raconte un peu : Où est-ce que tu l'as acheté ? D'où est-ce qu'il venait ? Tu as aimé le goût ? Si non, lance une recherche dans un supermarché ou une droguerie chez toi et raconte après.*

4. *Tu viens de regarder le clip sur la production du sirop d'érable. Tu te souviens encore de toutes les étapes ? Alors, écris un petit article en allemand pour le blog de ton école et raconte-les.*

____

____

____

____

____

____

____

____

____

____

____

____

____

La Gaspésie : organiser un voyage dans une région québécoise

Découverte

1. *Bienvenue en Gaspésie ! Regarde les photos et écris la bonne description en dessous.*

faire du VTT, faire de la motoneige, faire des randonnées, faire du kayak, conduire un quad, faire une balade en traîneau à chiens, visiter un musée, acheter des souvenirs, dormir à l'hôtel, observer des baleines

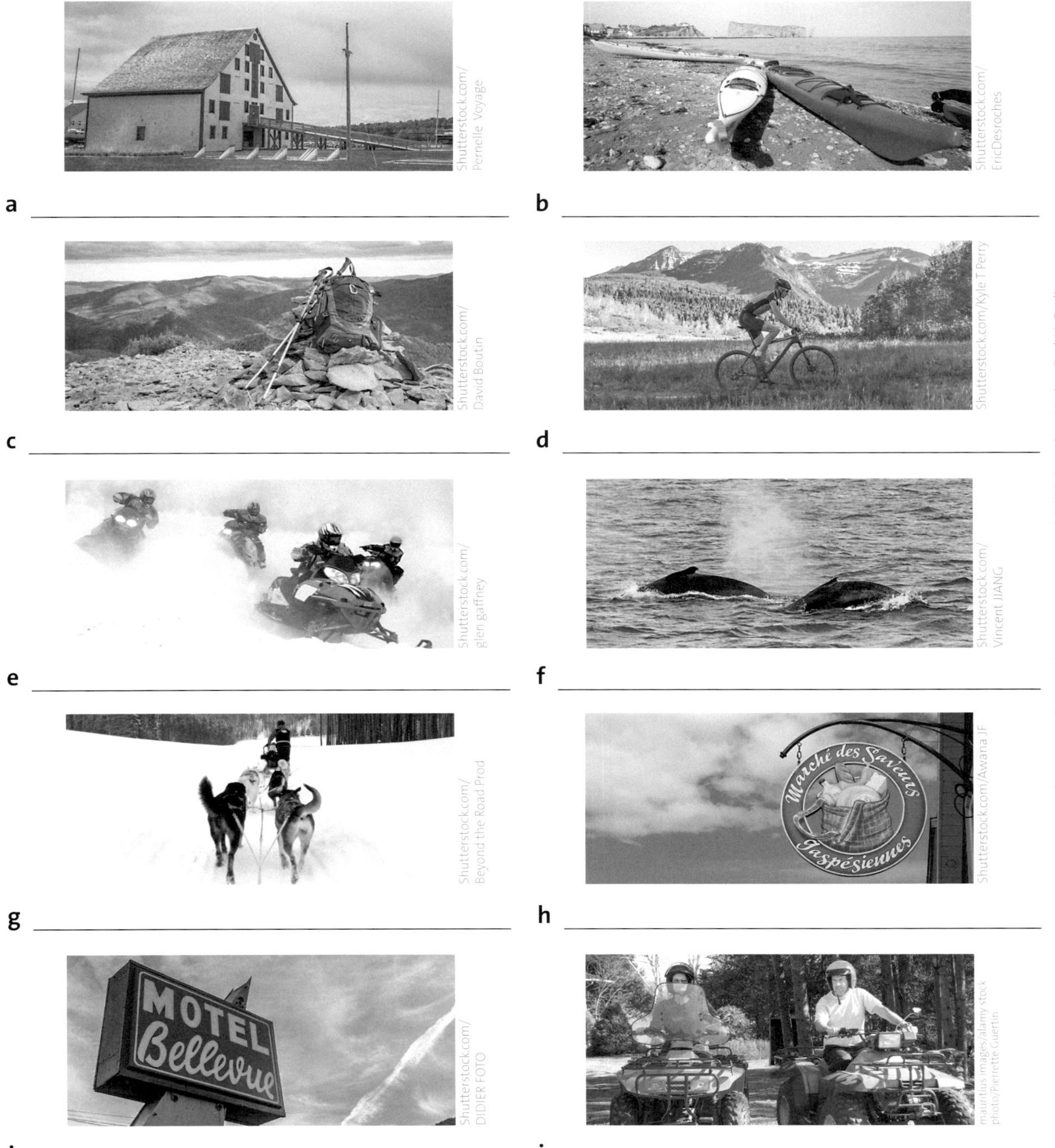

Rechercher et présenter

2. VB *Imaginez que vous faites un stage dans une agence de voyage à Montréal, au Québec. Une famille avec deux enfants (Jeanne, 9 ans et Louis, 15 ans) voudrait passer 10 jours en Gaspésie au mois d'août. Elle a un budget d'environ 2500 CAD (= Dollar canadien). La famille aime la nature et les parents voudraient aussi découvrir l'histoire de la Gaspésie. Louis adore les activités extrêmes et l'aventure. Jeanne est une grande fan d'animaux sauvages.*

   a) *Travaillez en groupe et faites une recherche sur Internet (p. ex. sur le site de l'office du tourisme de la Gaspésie). Proposez à la famille un programme de voyage qui respecte son budget et au moins trois aspects durables. Pensez aux points suivants :*

   - Moyen et frais de transport (en train, en voiture ou en avion) ?
   - Prix pour un logement et l'alimentation ?
   - Tarifs pour les différentes activités ?

   b) *Préparez une présentation de votre programme avec toutes les informations nécessaires et les prix. Indiquez à chaque fois la source que vous avez consultée sur Internet.*

   c) *Présentez vos résultats à votre classe. Ensuite, décidez quel groupe propose la meilleure offre.*

Pour aller plus loin

3. *Tu as fait beaucoup de recherches sur la Gaspésie avec ton groupe. Imagine que tu en parles à ton/ta corres suisse dans un courriel. Raconte-lui ce que tu as découvert, ce qui t'intéresse le plus et commente si tu voudrais aussi passer tes vacances là-bas ou non.*

   Tes notes : ______________________________

4. *Quelle activité te semble très durable pour l'environnement et laquelle ne l'est pas ? Écris un petit commentaire.*

Autor: Frank Reza Links: »La francophonie dans le monde«, Lernjahre 3–5

Le 24 juin – la fête nationale au Québec

Découverte

1. *Est-ce que tu connais la date de la fête nationale de ton pays ou du pays d'origine de ta famille ? Qu'est-ce que tu peux nous en dire (p. ex. l'origine de la fête, les festivités etc.) ? Prépare quelques idées et présente-les au groupe.*

Lire, comprendre et faire une médiation

2. *Imagine que tu es Kim et ta corres québécoise, Lucie, t'as écrit un courriel dans lequel elle te parle de la fête nationale au Québec parce que ton ami Gustav de Rostock voulait savoir plus sur l'origine et les activités. Il a déjà réservé son voyage au Québec pour y assister pendant les prochaines vacances. Lis le texte et fais les tâches ci-dessous.*

Shutterstock.com/Koltukovs

Sujet: La fête au Québec

Salut Kim,

alors, quoi de neuf ? J'espère que tu vas bien et que les cours ne sont pas trop difficiles. Au Cégep, je vais bientôt passer des contrôles notés, donc je dois me préparer. Mais je voulais quand-même répondre à ton dernier courriel dans lequel tu voulais connaître un peu mieux la fête nationale au Québec. Cela tombe bien puisque mes grands-parents étaient membres d'une société qui a organisé la fête et ils m'ont toujours raconté des anecdotes.

Alors, pour commencer, il faut savoir que la fête se célèbre toujours le 24 juin dont les préparatifs débutent la veille. Si tu as bien fait attention en cours de géo, tu sais que c'est le moment du solstice d'été. C'est à partir de ce moment-là que les jours deviennent plus courts et les nuits plus longues. C'est pourquoi il y a toujours eu des grands feux de joie. Je crois que cela se fait aussi en France, les fameux feux de la Saint-Jean. Ça existe aussi chez vous ? Le nom « Saint Jean » renvoie à Jean Baptiste, donc une référence catholique. C'est assez important de savoir puisque la fête au Québec était à l'origine une fête chrétienne. Tout remonte à l'année 1847 quand le journaliste Ludger Duvernay invite des personnes importantes du monde politique et intellectuel à un banquet qui a eu lieu à Montréal le 24 juin. Le grand succès de cette fête s'est vite répandu dans toute la région du Québec et les festivités pouvaient durer plusieurs jours. Il y avait des réunions, des grands repas, des soirées de danse et surtout des défilés et les feux de joie, bien sûr. Tu te souviens encore de mon chum, Pierre ? Je l'avais rencontré pendant une parade il y a deux ans. Bon, revenons aux choses essentielles. Dû à la grande participation des habitants du Québec, le 24 juin est officiellement déclaré comme jour férié en 1925. Au cours des années, la fête devient de plus en plus importante pour les francophones, même si la fête est pour toutes les personnes qui habitent au Québec. Est-ce que tu ne t'es pas posé la question de savoir pourquoi on appelle la fête « nationale », alors que le Québec est une région du Canada ? Eh bien, c'est

Smileys: Shutterstock.com/pixelliebe

encore une très longue histoire. Mais sache que notre province a un statut particulier et c'est pourquoi cette fête est aussi pour célébrer ce sentiment d'être une région spéciale. Je t'ai dit que le 24 juin était une fête catholique, mais cela change notamment dans les années 1960 et 1970 et depuis 1977, c'est surtout une fête culturelle pour tout le monde au Québec.

Aujourd'hui encore, il y a de nombreuses activités autour de la fête et l'événement le plus important est le grand défilé. Difficile à expliquer – il faut que tu regardes des vidéos sur Internet pour avoir une idée. En tout cas, tout est décoré avec le drapeau du Québec et les couleurs bleu et blanc. Donc, tu vois, on fête aussi la province de Québec.

Si ton ami veut venir à Montréal pour les festivités, il faut qu'il réserve absolument à l'avance. Il y a toujours beaucoup de monde et les hôtels sont bookés. Je te recommande quelques hôtels dans un document en pièce jointe. Tu peux lui envoyer mes idées. Ou tu vas directement sur le site officiel de la fête nationale. Tu peux y trouver plein de trucs. Bon, il faut que je te laisse – il faut que je révise encore pour mon contrôle de maths .

La bise, Lucie

3. *Comment expliquer ces mots ? Dans le courriel de Lucie, il y a des mots que tu ne connais pas, mais que tu peux comprendre grâce au contexte. Essaie de formuler une explication en allemand pour ces mots-là.*

Mot	**Explication en allemand**
le feu de joie	
le solstice	
le défilé	

4. *Après avoir lu le message de Lucie, tu réponds à Gustav par courriel et tu lui fais une médiation des informations dont il a besoin.*

Pour aller plus loin

5. *Lucie propose d'aller voir des vidéos sur Internet et de consulter le site officiel de la fête nationale. Travaillez à deux et faites une recherche ou sur une vidéo ou sur des informations supplémentaires et préparez une présentation d'une à deux minutes.*

Le carnaval au Québec

Shutterstock/Sunny studio

Découverte

1. Est-ce que tu fêtes le carnaval dans ta région ? Si oui, comment est-ce qu'on l'appelle en langue régionale ? Si non, est-ce que tu aimerais le fêter ou est-ce que tu l'as déjà fait ? Discutez en petits groupes et notez vos mots-clés dans le tableau ci-dessous.

Lire et comprendre

2. Mince ! La neige a mis des tâches sur le document et il manque quelques mots. Lis le texte et remplis les blancs à l'aide des mots-clés.

Shutterstock.com/Irina Qiw

Le carnaval de Québec est une fête très importante qu'on célèbre entre la mi-janvier et la mi-février à Québec-Ville, la capitale de la province. C'est une festivité hivernale qui est célébrée pour la première fois en 1894. Mais ce n'est que depuis 1954, à l'initiative de l'économie locale, que le carnaval devient une grande fête pour la ville. L'idée est d'attirer les touristes et les commerçants dans la ville. On choisit le comme emblème et mascotte à qui le maire de la ville remet les clés pour marquer le début des festivités. C'est une statue de neige qui porte un bonnet rouge – la couleur traditionnelle durant le carnaval. On lui construit aussi un énorme où on peut lui rendre visite. Beaucoup d'artistes font des sculptures de glace et les exposent dans la ville.

Autor: Frank Reza Links: »La francophonie dans le monde«, Lernjahre 3–5

Il n'y a pas de costumes pour le carnaval québécois, mais on peut toujours voir des gens qui portent du rouge ou encore une ________________. C'est un accessoire en tissu coloré qui servait, autrefois, à serrer le mänteau pour que le froid ne passe pas.

Pendant deux samedis on organise des ________________. C'est un parcours d'environ trois kilomètres avec des camions décorés, qu'on appelle aussi « les tableaux », des groupes de musique et de danse. On entend beaucoup de ________________. C'est l'instrument de musique le plus important du carnaval de Québec. La musique est un élément principal pendant les fêtes et il y a plein de chansons carnavalesques aussi.

Une particularité du carnaval de Québec est la ________________. Traditionnellement, ces petits bateaux étaient l'unique moyen de transport entre les deux rives du fleuve ________________. Maintenant, cette course compétitive consiste à faire l'aller-retour sur le fleuve qui peut être presque entièrement couvert de glace. Il faut alors faire du kayak, mais aussi porter le bateau avec l'équipe.

3. *Maintenant que tu as tout rempli, lance une recherche d'images sur Internet avec les mots-clés du texte. Choisis une photo et décris-la. N'oublie pas de donner la source.*

____

____

____

____

____

____

Pour aller plus loin

4. *Est-ce que tu voudrais fêter le carnaval au Québec ? Explique pourquoi oui ou non.*

5. *Comparez les fêtes de carnaval en Martinique, au Québec et au Cameroun (ou d'autres régions francophones). Est-ce qu'il y a des points communs ou des différences ?
Formez un groupe et discutez.*

D'île en île : Un voyage aux Caraïbes et en Amérique du Sud

Découvrir

1. Tu trouves ci-dessous une carte et une liste des îles et pays francophones aux Caraïbes et en Amérique du Sud. Fais une recherche dans l'atlas ou sur Internet, retrouve les régions sur la carte et écris leurs noms à côté. Ensuite, colorie tous ces territoires en une couleur de ton choix.

Saint-Barthélemy   Guadeloupe   Saint-Martin

Haïti   Martinique   Guyane française

Shutterstock.com/Pyty

Lire et comprendre

2. *Lis les textes suivants et réponds aux questions de l'exercice n° 3. Vous pouvez aussi travailler en groupe et chaque personne lit une partie.*

La géographie

Les îles francophones se trouvent toutes dans la mer des Caraïbes et font partie d'un très grand archipel. On parle aussi des Grandes Antilles, entre autres donc Haïti, et des Petites Antilles. Mais la côte de la Guyane française est en Amérique du Sud, au bord de l'Atlantique. Les mouvements des plaques tectoniques ont créé les îles qui sont le résultat d'énormes activités volcaniques. C'est pourquoi on peut encore y visiter des volcans actifs, comme par exemple la montagne Pelée en Martinique.

La France et le français

Tu as vu qu'on parle français dans toutes ces régions. Les premiers Français aux Caraïbes ont colonisé les régions et c'est la raison pour laquelle on y parle français. Maintenant, ce ne sont plus des colonies, mais le français est toujours la langue officielle. Haïti est un pays indépendant. La Martinique, la Guadeloupe, Saint-Barthélemy, Saint-Martin et la Guyane française sont des régions de la France. En général, on appelle ces régions des collectivités d'outre-mer, car elles ne sont pas sur le territoire du continent européen. De plus, certaines collectivités font partie de l'Union européenne, comme la Guadeloupe, la Guyane française et la Martinique.

Le climat et la végétation

On peut dire que les régions se situent sur l'hémisphère Nord, mais proche de l'équateur. Donc, le climat est tropical. C'est-à-dire que les températures sont toujours agréables entre 21 et 31 degrés, selon les mois. Pendant la saison sèche, de novembre à mars, il fait plus « froid ». Il pleut moins qu'entre juin à septembre, quand il fait, en plus, très chaud. Au cours de cette saison des pluies, le risque des cyclones augmente aussi. À cause du climat, il existe des forêts tropicales avec une flore et faune extraordinaire et des fruits exotiques, comme des bananes, des noix de coco, du cacao et de la canne à sucre par exemple.

Les activités

Toutes les régions se trouvent ou au bord de la mer ou entourées d'eau. Il y a beaucoup d'activités nautiques. Comme le surf, la plongée et le snorkeling – avec des tortues marines, pourquoi pas ? Mais on peut aussi faire du canoë-kayak dans les mangroves ou le long de la côte, du jet ski et des courses de yoles. C'est un bateau typique des Antilles. En outre, il y a aussi des activités à faire à l'intérieur, comme l'escalade ou des randonnées dans la forêt tropicale.

Autor: Frank Reza Links: »La francophonie dans le monde«, Lernjahre 3–5

La culture
Les Français n'ont pas été seuls sur les îles et en Amérique du Sud. Il y avait aussi des autochtones, donc les premiers peuples sur les territoires, comme les Kalinagos et les Arawaks. Ensuite, les colonisateurs français ont fait venir des esclaves de l'Afrique pour travailler dans les plantations. Chaque groupe a parlé sa langue et a apporté sa culture ce qui a donné un mélange qu'on appelle le créole. Alors que le français est la langue de l'administration et de l'éducation, on entend le créole dans les rues et surtout dans les chansons du zouk, un genre musical propre des Antilles. La cuisine créole est connue pour ses compositions des différentes cultures, comme par exemple un gâteau au lait de coco.

FUN FACT
Wusstest Du, dass der weiße Sand an den karibischen Stränden u. a. aus Kalk besteht?
Ok, das ist vielleicht nicht so spannend. Aber dieser Kalk stammt von abgenagten Korallen, denn die Papageienfische knabbern daran, um an das Nahrhafte im Innern zu kommen.
Die abgefallenen Krümel landen als Körnchen am Strand.

3. *Lis les questions suivantes et réponds.*

a) Qu'est-ce que c'est la montagne Pelée en Martinique ?

____

b) Pourquoi est-ce que c'est une bonne idée de voyager aux Antilles au mois de mars ?

____

c) Pourquoi est-ce qu'on appelle les régions des Caraïbes aussi des collectivités d'outre-mer ?

____

____

d) Qu'est-ce que cela veut dire « créole » ?

____

e) Qu'est-ce qu'une yole ?

____

Pour aller plus loin

4. *Ton oncle veut passer ses vacances aux Antilles françaises. Comme il ne parle pas bien français, il te demande de l'aide. Il veut savoir quand c'est une bonne saison pour voyager. Il aime faire des sports extrêmes et il te demande les activités que l'on peut y faire. Tu as lu les textes et maintenant tu lui écris un message en allemand et tu lui donnes des informations.*

La Martinique, l'île aux fleurs

Découvrir

1. *Lis les définitions et complète les blancs par le mot correct de la liste ci-dessous. Fais attention à respecter les règles grammaticales, s'il le faut.*

la capitale	le palmier
les randonnées	l'Afrique
les mangroves	le jus de canne
la flore	la tortue marine
Madinina	l'esclavage

Shutterstock.com/Rainer Lesniewski

a) On appelle Martinique l'île aux fleurs parce qu'il y a une ________________________ très riche et variée, avec des orchidées ou de l'hibiscus.

b) Aux plages de la Martinique, on est à l'ombre sous ________________________.

c) Un autre nom pour la Martinique, c'est ________________________. Cela veut dire « l'île aux fleurs » en langue Arawak.

d) ________________________ sont des forêts dans l'eau à la côte. On peut y faire du canoë-kayak.

e) Avec un équipement pour snorkeling, on peut nager avec des ________________________.

f) Quand on a soif, on peut toujours boire un bon ________________________.

g) Fort-de-France est ________________________ de la Martinique.

h) Bèlè est une danse martiniquaise au rythme du tambour et de la personne qui chante. Son origine est de ________________________.

i) La presqu'île de la Caravelle est une zone de paysages divers au bord de l'Atlantique où on peut faire ________________________.

j) L'abolition de ________________________ en Martinique est officielle en 1848.

Pour aller plus loin

2. *Tu as appris des nouveaux mots sur la Martinique. Qu'est-ce qui t'intéresse le plus ? Choisis un aspect et lance une petite recherche sur Internet. Ensuite, tu fais une mini-présentation à l'oral d'une minute.*

Autor: Frank Reza Links: »La francophonie dans le monde«, Lernjahre 3–5

La canne à sucre de la Martinique

Découvrir

1. *Lis le titre et regarde les images : Qu'est-ce que tu vois ? De quoi va peut-être parler le texte ?*

1

Shutterstock.com/JNT Visual

2

mauritius images/alamy stock photo/Photo 12

Lire et comprendre

2. *Lis le texte suivant et réponds à la question de l'exercice 3.*

Timothée, son correspondant allemand Nikolas et sa grand-mère Justine sont sur la véranda de sa maison près des Trois Îlets. Il est 16h et ils prennent le goûter avec un jus au sirop de canne à sucre. C'est alors le moment que Justine se souvient d'une histoire.

Justine : Vous savez, les garçons, comment la canne à sucre est arrivée en Martinique ?

Timothée : Non, mémé, raconte !

Justine : Alors, ce sont les premiers colonisateurs qui ont apporté la canne à sucre aux Caraïbes. C'était une plante qu'ils ont d'abord cultivé à la Méditerranée et ensuite ici chez nous à cause du bon climat. La canne à sucre est devenue un symbole pour notre agriculture, mais aussi pour notre histoire.

Nikolas : Ah oui, je me souviens. Mon prof de biologie, euh, pardon... de SVT, nous a dit que la canne à sucre était très importante pour vous, mais aussi pour la nature parce qu'avec ses racines, elle empêche l'érosion du sol. Mais pourquoi l'histoire ... Je ne comprends pas.

Justine : Eh bien, Nikolas. Je vais vous le dire. Vous ne saviez peut-être pas que mon arrière-grand-père était un des derniers esclaves sur les plantations de canne à sucre, n'est-ce pas ? Quand notre île était encore une colonie française, beaucoup de gens de l'Afrique ont été forcés à travailler ici, surtout dans les plantations. C'était très dur et la vie n'était pas toujours facile pour eux.

Nikolas : C'est vrai, je ne le savais pas. Merci, madame, de nous avoir raconté cela.

Autor: Frank Reza Links: »La francophonie dans le monde«, Lernjahre 3–5

Timothée : Si tu veux en savoir plus, Nikolas, on peut aller visiter la *Savane des esclaves*. C'est un musée, pas très loin d'ici. On a reconstruit les anciennes cabanes et on apprend beaucoup sur l'histoire. Tu veux y aller ?

Nikolas : Très bonne idée, on y va demain ou après-demain ?

Justine : Très bien, les garçons, faites ça ! Timothée, tu vas regarder les prix et les horaires ? Je vais vous payer l'entrée.

Timothée : Trop bien, mémé. Merci !

3. *Quel titre va le mieux avec la scène ? Coche la bonne réponse.*
   a) La canne à sucre, un produit agricole de la Martinique
   b) La canne à sucre, un symbole historique de la Martinique
   c) La canne à sucre pour faire du sirop en Martinique

Pour aller plus loin

4. MK VB *Timothée a parlé du musée « Savane des esclaves ».*

   Il veut y aller avec Nikolas, ses amies Lili et Annie et les parents de Lili.

   Aide-le et recherche les horaires et les prix d'entrée sur Internet.

   Ensuite, surf un peu sur le site. Qu'est-ce qu'il faut absolument voir ou faire là-bas ?

   Compare tes résultats avec un·e partenaire et parlez de ce qu'il faudrait visiter, si vous étiez à leur place.

Autor: Frank Reza Links: »La francophonie dans le monde«, Lernjahre 3–5

Une excursion en forêt tropicale

Découvrir

1. *Qu'est-ce que tu sais sur la forêt tropicale ? Complète l'associogramme et compare avec ta/ton voisin·e.*

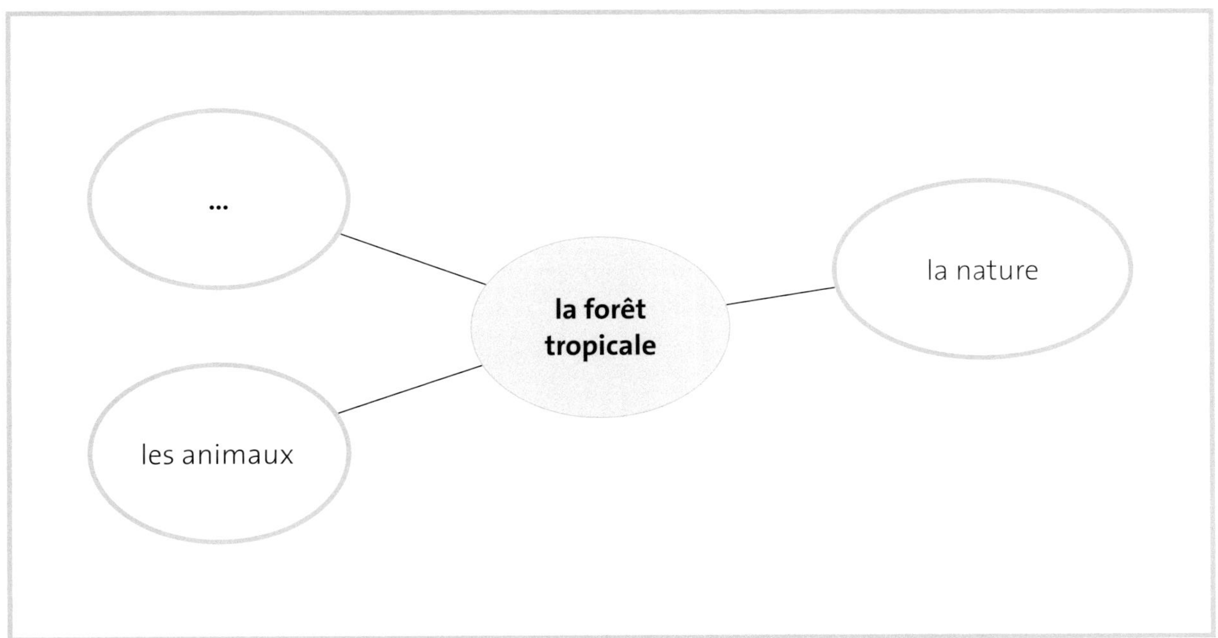

2. *Lis le petit récit et formule une hypothèse.*

C'était le 19 juin, un samedi comme tous les samedis de cette année. Rien de spécial. Lou avait prévu de faire une randonnée à la montagne Pelée avec sa bande Julie, Maude et Raph. Tout le monde avait apporté de quoi manger et assez d'eau. Raph avait pris des mangues, Julie avait préparé un gâteau au lait de coco et Maude, comme toujours, des sandwichs. Le groupe voulait partir très tôt le matin pour faire le sentier n° 23. Le père de Lou les a conduits au parking, mais il ne voulait pas que les jeunes fassent la randonnée sans une personne adulte.

Question directrice : Pourquoi le père de Lou est inquiet quand les jeunes partent du parking ?

Mon hypothèse :

____

____

____

Lire, comprendre et présenter

3. *Pour répondre à la question, vous allez travailler en groupe sur un mystery. Respectez les étapes suivantes.*

   a) Localisez la montagne Pelée dans un atlas. Vous pouvez aussi utiliser une application numérique.

   b) Lisez les cartes, choisissez ensemble celles qui sont les plus importantes pour vous et créez une carte conceptuelle. Vous ne devez pas utiliser toutes les cartes.

   c) Notez ici, en quelques mots, votre réponse à la question directrice.

   ____

   ____

   d) Présentez votre résultat au groupe.

Pour aller plus loin

4. *Est-ce que tu voudrais aussi faire une excursion à la montagne Pelée ? Explique pourquoi oui ou pourquoi non. Quand est-ce que c'est un bon moment pour y aller ? Tu penses que cette activité touristique est durable ? Prends des notes sur les différentes questions et commente.*

Je trouve que +	…	*ind.* (*p.ex.* est…)
Je ne trouve pas que	…	+ *subj.* (*p.ex.* soit une bonne idée)
Je pense que		+ *ind.* (*p.ex.* la randonnée est fascinante parce que…)
Je ne pense pas que	…	+ *subj.* (*p.ex.* la randonée soit dangeureuse car…
A mon avis,	c'est / ce n'est pas	une bonne idée puisque…
Je voudrais faire la randonnée	parce que	c'est / j'aime
Je conseille/déconseille	de faire la randonnée	car / parce que / puisque…

Mystery à découper

1/15	**6/15**	**11/15**
Raph avait porté des baskets parce que les chaussures de randonnées, ce n'est pas son truc.	Lou, Julie et Maude (entre 14 et 15 ans) font souvent des randonnées ensemble. C'est un groupe qui connaît bien la forêt tropicale.	On raconte qu'il y a des fantômes dans les ruines.
2/15	**7/15**	**12/15**
La montagne Pelée est un volcan actif et le mont le plus haut de la Martinique. Sa dernière grande éruption était en 1902.	Quand on arrive au sommet, il y a très souvent des nuages et le temps peut changer rapidement. le sommet = *der Gipfel*	Quand on monte le sentier, on risque de ne plus avoir du réseau avec le portable. le réseau = *das Funknetz*
3/15	**8/15**	**13/15**
Dans l'application de météo, on annonçait de la pluie et un ciel nuageux vers midi.	La montagne Pelée attire beaucoup de touristes qui veulent aussi voir des ruines.	Beaucoup de touristes laissent leurs déchets dans la nature. les déchets = *die Abfälle*
4/15	**9/15**	**14/15**
Le sentier n° 23 n'est pas trop long et assez facile. On a une très belle vue et il y a un grand nombre de plantes exotiques.	Par temps de pluies, on risque de glisser sur le sentier.	Lou a remarqué que son imperméable n'était pas dans son sac, mais dans la voiture de son papa. l'imperméable = *der Regenmantel*
5/15	**10/15**	**15/15**
La saison des pluies en Martinique est entre les mois de juin et septembre.	Le samedi, le parking est toujours très fréquenté.	Sur le sentier n° 23, il y a plusieurs refuges. le refuge = ici > *die Berghütte*

Autor: Frank Reza Links: »La francophonie dans le monde«, Lernjahre 3–5

Être dans l'eau, c'est beau !

Découvrir

1. *Ici, on te propose quelques activités nautiques que l'on peut faire en Martinique. Écris la bonne activité sous la photo.*

le snorkeling avec des tortues	la plongée	le stand up paddle
le canoë-kayak dans les mangroves	la ballade en yole ronde	le surf

Shutterstock.com/Leonard Zhukovsky

a ______________________

Shutterstock.com/JonMilnes

b ______________________

Shutterstock.com/Artem Avetisyan

c ______________________

Shutterstock.com/BlueOrange Studio

d ______________________

Shutterstock.com/T photography

e ______________________

Shutterstock.com/AYACHO_K

f ______________________

Autor: Frank Reza Links: »La francophonie dans le monde«, Lernjahre 3–5

2. *Travaillez en groupe de 2 à 3 personnes. Cherchez sur Internet des informations sur une des six activités nautiques proposées en Martinique et complétez la fiche ci-dessous. Puis, présentez vos résultats au grand groupe.*

a) Qu'est-ce que c'est comme activité ? (Petite explication)	
b) Quand est-ce qu'on peut faire cette activité ?	
c) Qui est-ce qui propose cette activité ?	
d) Où est-ce que c'est en Martinique ?	
e) Combien est-ce que ça coûte ? (Prix individuel et/ ou pour les groupes)	

Pour aller plus loin

3. *Quelle est la meilleure offre pour votre groupe ? Décidez ensemble et pensez aussi à une activité durable pour l'environnement et pour les habitants de l'île.*

4. *Imagine que tu as pratiqué une activité nautique en Martinique et maintenant tu racontes tes expériences à ta/ton corres. Écris un courriel et utilise les temps du passé.*

Le carnaval en Martinique

Découverte

1. *Est-ce que tu fêtes le carnaval dans ta région ? Si oui, comment est-ce qu'on l'appelle en langue régionale ? Si non, est-ce que tu aimerais le fêter ou est-ce que tu l'as déjà fait ? Discutez en petits groupes et notez vos mots-clés dans le tableau ci-dessous.*

Lire et comprendre

2. *Oh non ! Les textes ne sont plus dans le bon ordre. Lis les fragments et écris le numéro de 1 à 7 pour rétablir l'ordre chronologique.*

N°	Texte
	Le dimanche gras est le premier grand jour de la saison. Il y a les premières parades avec des orchestres et des défilés avec des groupes costumés. On présente la Reine du Carnaval et aussi le Roi Vaval. C'est une énorme figure en bois et pailles. Il est le personnage le plus important du carnaval des Antilles françaises.
	La fin du carnaval s'approche. Le soir du Mercredi des Cendres, tous les orchestres sont dans les rues et font de la musique, mais plus calme. Les gens portent des déguisements en noir et blanc. Tout le monde se réunit et pleure parce que c'est la mort du roi Vaval. Il est brûlé sur une place centrale. Ses cendres signifient la fin des festivités.
	La troisième grande journée est aux diables rouges. Le mardi gras, les personnes portent un costume rouge avec des masques de diables. Il y a des « vidés » et les diables effrayent les enfants. « Bouh ! »
	Le carnaval de Martinique est à l'origine un mélange entre les traditions européennes et les traditions africaines pendant la colonisation. La musique et les chansons de carnaval sont très importantes. Les festivités sont similaires en Guadeloupe, en Guyane française et en Haïti.
	Il y a encore des personnages très importants, comme par exemple les « Nèg Gwo Siwo ». Ce mot créole fait penser aux esclaves pendant l'époque coloniale qui ont réussi à s'échapper. Les carnavaliers se mettent de la mélasse de sucre de canne sur la peau. Attention, ça colle !
	Et on peut aussi voir des hommes d'argile. Comme le nom l'indique, les personnes ont mis de l'argile sur leur corps et se transforment en statues.
	On fête le carnaval en pyjama le lundi gras. Les « vidés », ce sont les fêtes dans les rues animées par le groupe à pied, commencent déjà le matin. Le costume favori est le pyjama et au cours de la journée a lieu le mariage burlesque : c'est un homme, déguisé en mariée, et une femme, déguisée en époux, qui « se marient ».

Autor: Frank Reza Links: »La francophonie dans le monde«, Lernjahre 3–5

3. Voici quelques photos du carnaval. Qui est-ce qu'on voit ? Écris un mot-clé du texte sous l'image. Essaie de présenter à l'oral le carnaval martiniquais à l'aide de ces images avec tes propres mots.

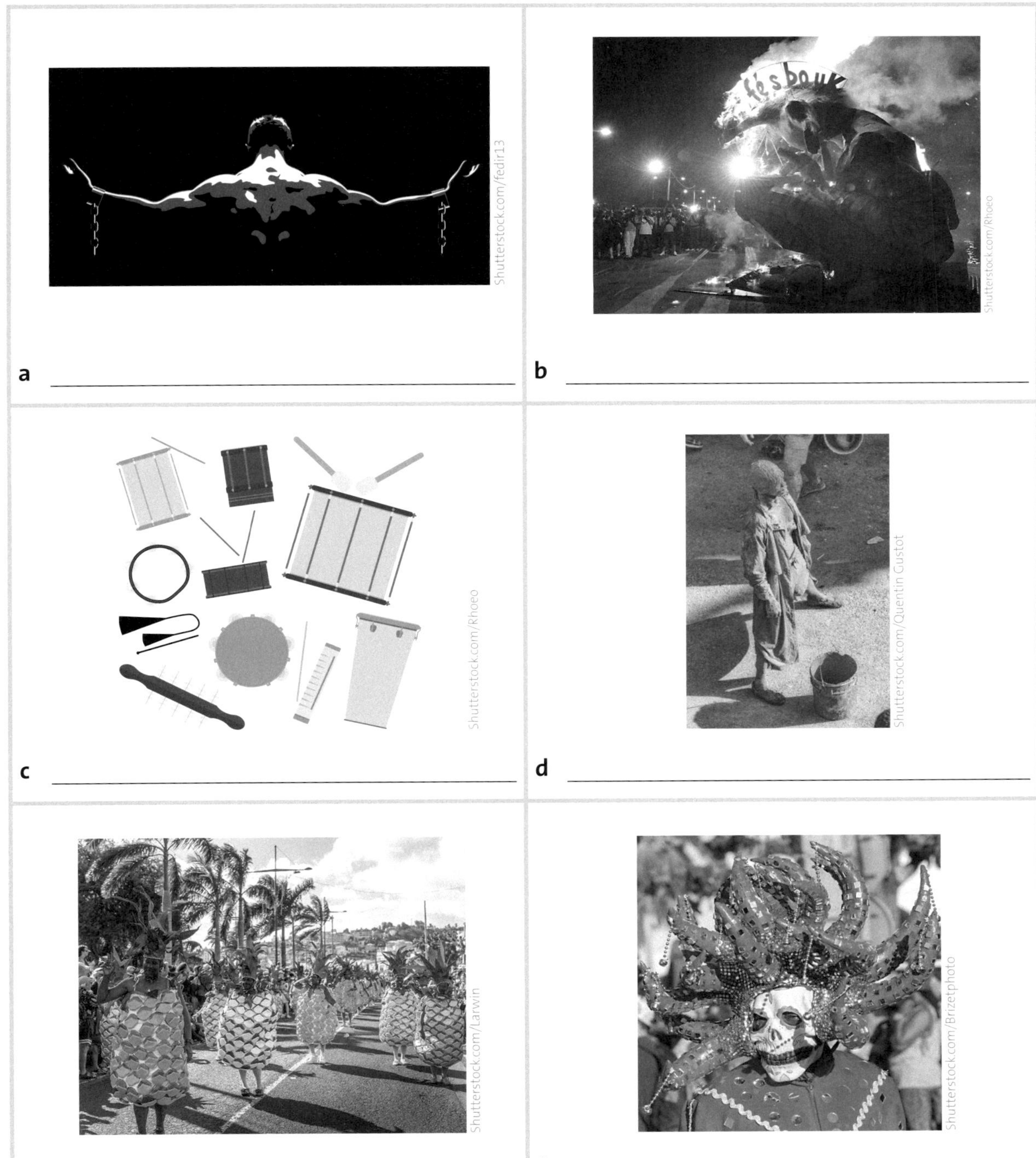

a ______________________

b ______________________

c ______________________

d ______________________

e ______________________

f ______________________

Pour aller plus loin

4. Est-ce que tu voudrais fêter le carnaval en Martinique ? Explique pourquoi oui ou non.

5. Comparez les fêtes de carnaval en Martinique, au Québec et au Cameroun (ou d'autres régions francophones). Est-ce qu'il y a des points communs ou des différences ?
Formez un groupe et discutez.

Le grand quiz sur la francophonie

Lis les tâches suivantes et coche la bonne réponse. Pour chaque bonne réponse, tu obtiens un point.

1. Dans quel pays européen le français n'est pas une langue officielle ?

   a) au Luxembourg
   b) aux Pays-Bas
   c) en Belgique

2. Que veut dire le mot « collectivité d'outre-mer » ?

   a) C'est une commune de francophones dans la mer.
   b) Ce sont des francophones qui voyagent dans la mer.
   c) C'est une région française qui ne se trouve pas en Europe.

3. Quel pays africain n'est pas francophone ?

   a) le Mozambique
   b) le Maroc
   c) l'île Maurice

4. Le Baobab est…

   a) un plat typique de pays africains.
   b) un très grand arbre.
   c) un serpent sauvage de couleur verte.

5. Les Lionnes Indomptables sont…

   a) une équipe de foot féminin.
   b) un groupe de musique pop.
   c) une série télévisée pour enfants.

6. Le Cameroun était une colonie allemande.

   a) vrai
   b) faux

7. Comment s'appelle le premier navigateur français qui a voyagé en Amérique du Nord ?

   a) Jacques Chopard
   b) Jacques Cartier
   c) Jacques Charrier

8. Cet état des États-Unis est francophone.

   a) Maine
   b) Massachussetts
   c) Michigan

9. La poutine est...

   a) une boisson fraîche du Québec.
   b) une montagne connue au Québec.
   c) un plat typique du Québec.

10. Combien de classes de sirop d'érable est-ce qu'il y a ?

   a) 3
   b) 4
   c) 5

11. Laquelle de ces îles caraïbes n'est pas francophone ?

   a) Saint-Martin
   b) Saint-Barthélemy
   c) Sainte-Lucie

12. Quel est le surnom de la Martinique ?

   a) l'île aux palmiers
   b) l'île aux fleurs
   c) l'île aux cannes

13. La montagne Pélée est...

   a) un volcan.
   b) un glacier.
   c) un dessert au chocolat.

14. Pour visiter les mangroves de la Martinique, il faut prendre

   a) la yole.
   b) le kayak.
   c) la planche à surf.

15. Le roi Vaval est...

   a) l'ancien roi de la Martinique.
   b) un personnage de la mythologie martiniquaise.
   c) un personnage du carnaval martiniquais.

15–13 points	12–10 points	9–7 points	6–4 points	5–3 points	2–0 points
Super ! Tu as de très bonnes connais-sances sur la francophonie.	Bien fait ! Tu connais déjà bien la francophonie.	Pas mal ! Tu sais déjà plein de choses sur la francophonie.	C'est ok. Tu sais quelques aspects sur la francophonie.	Pas de souci ! Il faut encore faire quelques exercices pour t'entrai-ner.	Dommage ! Il te manque encore des connais-sances. Peut-être tu peux refaire quelques tâches ?

Solutions

I. BIENVENUE DANS LE MONDE FRANCOPHONE

KV 1 : C'est quoi la francophonie ?

1. 1 = f, 2 = r, 3 = a, 4 = n, 5 = c, 6 = o, 7 = p, 8 = h, 9 = o, 10 = n, 11 = i, 12 = e
La solution : francophonie

2.
a) C'est Haïti.
b) Il y a quatre langues officielles.
c) Ce sont la Nouvelle Calédonie, la Polynésie française, Wallis et Futuna.
d) Il se trouve à Bruxelles.
e) Faux, c'est une minorité au sud qui parle français.
f) C'est en Terre Adélie.
g) Vrai, car on le parle même en Antarctique.

3. La francophonie, ce sont toutes les régions du monde où on parle français, même à la maison. C'est donc la langue commune.

Pour aller plus loin
Solutions individuelles

KV 2 : L'histoire du français dans le monde

2. a) Elle maîtrise mieux l'espagnol que l'anglais.
b) Plus de 300 millions de personnes.
c) Dans les domaines de l'éducation et de l'administration.
d) On apprend le français comme langue étrangère à l'école.

3. Solutions individuelles
4. Solutions individuelles

II. BIENVENUE AU CAMEROUN

KV 3 : Où est-ce qu'on parle français en Afrique ?

2. 1 = Sénégal, 2 = Guinée, 3 = Mali, 4 = Côte d'Ivoire, 5 = Burkina Faso, 6 = Togo, 7 = Bénin, 8 = Cameroun, 9 = Guinée équatoriale, 10 = Gabon, 11 = République du Congo (RC), 12 = République démocratique du Congo (RDC), 13 = Burundi, 14 = Rwanda, 15 = République centrafricaine, 16 = Tchad, 17 = Niger, 18 = Comores, 19 = Seychelles, 20 = La Réunion, 21 = Mayotte, 22 = Madagascar

3. Solutions individuelles
4. Solutions individuelles

KV 4 : Le quiz sur le Cameroun

2.

A	P	Y	T	O	N	B	M	A	F	**P**	R	T	U	S	D	A	E	V	B
G	T	N	M	E	A	U	T	**L**	G	**O**	B	Y	**D**	**R**	**A**	**P**	**E**	**A**	**U**
R	A	S	T	**M**	D	A	L	**O**	B	**U**	T	B	N	**H**	M	O	U	L	E
V	A	U	**B**	**A**	**O**	**B**	**A**	**B**	O	**L**	É	R	T	**U**	U	R	A	**B**	O
G	U	A	N	**M**	O	**A**	L	**É**	F	**E**	O	I	A	**M**	L	**Y**	V	**I**	P
X	Y	N	O	**B**	I	**L**	A	F	O	**T**	O	A	E	**S**	H	**A**	U	**L**	T
Z	O	U	K	**A**	L	**A**	V	A	N	**D**	E	T	A	**I**	O	**O**	L	**I**	N
H	I	P	P	**V**	I	**F**	C	H	R	**G**	D	R	A	**K**	O	**U**	N	**N**	É
Y	O	U	N	**E**	A	**O**	B	A	B	Y	D	E	**L**	**I**	**O**	**N**	O	**G**	T
F	I	L	O	**R**	A	**N**	I	S	T	I	**T**	A	B	O	U	**D**	É	**U**	M
È	L	D	E	**T**	O	U	R	A	L	E	**A**	F	A	I	T	**É**	B	**E**	M
B	E	L	L	E	R	O	S	E	B	A	**M**	B	O	U	D	F	A	R	C
L	**I**	**O**	**N**	**S**	**I**	**N**	**D**	**O**	**M**	**P**	**T**	**A**	**B**	**L**	**E**	**S**	E	P	T
O	N	E	T	W	O	E	T	U	I	B	**A**	L	O	F	T	A	L	P	O
F	T	**H**	**I**	**P**	**P**	**O**	**P**	**O**	**T**	**Â**	**M**	**E**	S	R	A	U	O	L	T
C	V	B	A	I	T	E	N	T	J	L	E	R	X	C	M	H	G	D	S
P	I	T	F	G	J	B	**C**	**H**	**R**	**I**	**S**	**T**	**I**	**A**	**N**	**I**	**S**	**M**	**E**

3 a) Solutions individuelles
b) Solutions individuelles

KV 5 : La galerie des personnalités

2. Solutions individuelles
3. Solutions individuelles

KV 6 : Les Lionnes Indomptables

3 a) Coche avec une croix le bon résumé.

X C'est une entrée de blog écrite par Coumba et publiée après un match de foot. Elle y raconte comment elle a vécu cette rencontre entre l'équipe camerounaise et l'équipe zambienne.

b) Au stade Ahmadou Ahidjo à Yaoundé.
c) Les Lionnes devaient se qualifier pour les Jeux Olympiques de 2020.
d) L'équipe camerounaise marque un but et gagne le match.
e) Elle veut que son équipe gagne, mais l'équipe zambienne joue très bien aussi.

4. Solutions individuelles
5. Solutions individuelles

KV 7 : Comment préparer les toffees camerounais ?

3.

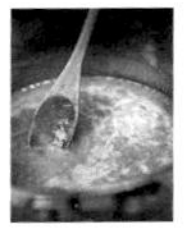

Shutterstock.com: Laura San Francisco; Michel Cellier; patoouu pato; Natali Zakharova; art nick

4. Solution individuelle
5. Solution individuelle

KV 8 : L'histoire coloniale du Cameroun

1. Solutions individuelles

2 b)

Expression française	Je comprends ce mot grâce à ... (tu écris la traduction vers une autre langue étrangère que tu connais)	Explication allemande
les matières premières	las materias primas (esp.)	Rohstoffe
les grandes puissances maritimes	las grandes potencias maritimas (esp.)	die großen Seemächte
les négociations	the negotiations (angl.)	die Verhandlungen
l'abus	the abuse (angl.)	die Misshandlung

2 c) Solutions individuelles
3. Solutions individuelles

KV 9 : Le carnaval au Cameroun

1. Solutions individuelles

2 b)

	V	F
a) On fête le Ramadan le 25 décembre.		**X**
Correction : **On fête Noël le 25 décembre.**		
b) Le premier janvier est la fête du carnaval.	**X**	
Correction :		
c) Le carnaval est une fête très célèbre au Cameroun.		**X**
Correction : **Le carnaval est une fête à Foumban.**		

c) Le Carnaval au Cameroun est une fête qu'on célèbre le premier janvier. Il y a de la musique, des chansons et des danses et les personnes portent des costumes traditionnels.

3. Solutions individuelles
4. Solutions individuelles

Autor: Frank Reza Links: »La francophonie dans le monde«, Lernjahre 3–5

III. BIENVENUE AU QUÉBEC

KV 10 : Où est-ce qu'on parle français en Amérique du Nord ?

2 b)

	V	F	?
1. Il y a deux états des États-Unis où on parle français.	X		
2. Les élèves de Saint-Pierre-et-Miquelon vont à l'école en France métropolitaine.		X	
3. 80% de la population du Nouveau-Brunswick parle français.		X	
4. Les Français ont gagné une guerre contre les Britanniques.			X

Corrigé :

2. Les élèves de Saint-Pierre-et-Miquelon vont à l'école sur l'île.

3. Un tiers de la population parle français au Nouveau-Brunswick.

c)

3. Solutions individuelles

4. Solutions individuelles

KV 11 : Le Québec : Une rencontre avec le Canada francophone

1. Solutions individuelles

2.

a) la poutine	La poutine est un plat à manger. Ce sont des frites, avec de la sauce et du fromage fondu.
b) le Nunavik	Le Nunavik est une région dans le nord du Québec où vit le peuple autochtone des Inuits.
c) la Gaspésie	La Gaspésie est une péninsule dans le nord-est du Québec.
d) le Réso	C'est une ville souterraine à Montréal.
e) l'érable	L'érable est un arbre dont lequel on récolte la sève pour en faire du sirop.
d) le canot à glace	C'est une activité sportive en hiver. On traverse le Saint-Laurent en canot.
e) Montréal	Montréal est la ville la plus grande du Québec, mais la capitale de la province, c'est Québec ville.
f) le pâté chinois	Le pâté chinois est un plat principal et le plat national du Québec.
g) le 24 juin	C'est le jour de la fête nationale du Québec.
h) le Saint-Laurent	C'est le grand fleuve par lequel ont navigué les premiers explorateurs.
i) le caribou	C'est un animal typique des régions du nord.
j) le français	C'est une des deux langues officielles du Canada.

3. a : le pâté chinois ; b : Montréal ; c : le Nunavik ; d : le 24 juin ; e : le Réso ; f : le canot à glace ; g : la poutine ; h : le caribou ; i : le Saint-Laurent ; j : la Gaspésie ; k : l'érable ; l : le français

4. Solutions individuelles

KV 12 : La production du sirop d'érable

1. Solutions individuelles

2.1 a) les différentes étapes de production du sirop d'érable

2.2 d) en hiver

2.3 b) la photosynthèse

2.4 « À l'époque on appelait ca une tonne, tirée par des chevaux, des bœufs, des tracteurs ou des motoneiges.»

2.5 b) à la cabane à sucre

2.6 Correction : « […] 104 degrés celsius. »

2.7 a) la couleur b) le goût

3. Solutions individuelles

4. Solutions individuelles

KV 13 : La Gaspésie, organiser un voyage dans une région québécoise

1. a = visiter un musée ; b = faire du kayak ; c = faire des randonnées ; d = faire du VTT ; e = faire de la motoneige ; f = observer des baleines ; g = faire du traîneau à chiens ; h = acheter des souvenirs ; i = dormir à l'hôtel ; j = conduire un quad

2. a)–c) Solutions individuelles

3. Solutions individuelles

4. Solutions individuelles

KV 14 : Le 24 juin – la fête de nationale au Québec

1. Solutions individuelles

3.

Mot	Explication en allemand
le feu de joie	ein großes Lagerfeuer
le solstice	der Sommeranfang Der Zeitpunkt, an dem die Tage kürzer und die Nächte länger werden. die Sommersonnenwende
le défilé	die Parade der Umzug

4. Solutions individuelles

5. Solutions individuelles

KV 15 : Le carnaval au Québec

1. Solutions individuelles

2. Le carnaval de Québec est une fête très importante qu'on célèbre entre la mi-janvier et la mi-février à Québec-Ville, la capitale de la province. C'est une festivité hivernale qui est célébrée pour la première fois en 1894. Mais ce n'est que depuis 1954, à l'initiative de l'économie locale, que le carnaval devient une grande fête pour la ville. L'idée est d'attirer les touristes et les commerçants dans la ville. On choisit le **Bonhomme** comme emblème et mascotte et à qui le maire de la ville remet les clés pour marquer le début des fêtes. C'est une statue de neige qui porte un bonnet rouge – la couleur traditionnelle durant le carnaval. On lui construit aussi un énorme **Palais de glace** où on peut lui rendre visite. Beaucoup d'artistes font des sculptures de glace et les exposent dans la ville.

Il n'y a pas de costumes pour le carnaval québécois, mais on peut toujours voir des gens qui portent du rouge ou encore une **ceinture fléchée**. C'est un accessoire en tissu coloré qui servait, autrefois, à serrer le manteau pour que le froid ne passe pas.

Pendant deux samedis on organise des **défilés de nuit**. C'est un parcours d'environ trois kilomètres avec des camions décorés, qu'on appelle aussi les tableaux, des groupes de musique et de danse. On entend beaucoup de **trompettes**. C'est l'instrument de musique le plus important du carnaval de Québec. La musique est un élément principal pendant les fêtes et il y a plein de chansons carnavalesques aussi.

Une particularité du carnaval de Québec est la **Course en canot à glace**. Traditionnellement, ces petits bateaux étaient l'unique moyen de transport entre les deux rives du fleuve **Saint-Laurent**. Maintenant, cette course compétitive consiste à faire l'aller-retour sur le fleuve qui peut être presque entièrement couvert de glace. Il faut alors faire du kayak, mais aussi porter le bateau avec l'équipe.

3. Le carnaval de Québec est une fête d'hiver avec une mascotte, qu'on appelle Bonhomme. Il porte un bonnet rouge et une ceinture fléchée et il habite dans un palais de glace. Pendant les festivités entre la mi-janvier et la mi-février, il y a plusieurs événements, comme les défilés de nuit avec de la musique à trompette ou la Course en canot à glace sur le fleuve Saint-Laurent.
4. Solutions individuelles
5. Solutions individuelles

IV. BIENVENUE EN MARTINIQUE

KV 16 : D'île en île : Un voyage aux Caraïbes et en Amérique du sud

1.

3. a) C'est un volcan.
   b) C'est la saison sèche.
   c) Elles ne sont pas sur le territoire français en Europe.
   d) C'est un mélange de cultures et de langues.
   e) C'est un bateau typique des Antilles.
4. Solutions individuelles.

KV 17 : La Martinique, l'île aux fleurs

1. a) On appelle Martinique l'île aux fleurs parce qu'il y a **une flore** très riche et variée, comme des orchidées ou de l'hibiscus.
   b) Aux plages de la Martinique, on est à l'ombre sous **le palmier**.
   c) Un autre nom pour la Martinique, c'est **Madinina**. Cela veut dire «l'île aux fleurs» en langue Arawak.
   d) **Les mangroves** sont des forêts dans l'eau à la côte. On peut y faire du canoë-kayak.
   e) Avec un équipement pour snorkeling, on peut nager avec des **tortues marines**.
   f) Quand on a soif, on peut toujours boire un bon **jus de canne**.
   g) Fort-de-France est **la capitale** de la Martinique.
   h) Bèlè est une danse martiniquaise au rythme du tambour et de la personne qui chante. Son origine est de **l'Afrique**.
   i) La presqu'île de la Caravelle est une zone de paysages divers au bord de l'Atlantique où on peut faire **des randonnées**.
   j) L'abolition de **l'esclavage** en Martinique est officielle en 1848.
2. Solutions individuelles

KV 18 : La canne à sucre de la Martinique

1. Solutions individuelles
3 b) **La canne à sucre, un symbole historique de la Martinique**
4. Solutions individuelles

KV 19 : Une excursion en forêt tropicale

1. Solutions individuelles
2. Solutions individuelles
3. a) 14° nord, 61°ouest
   b) Solutions individuelles
   c) Solutions individuelles
   d) Solutions individuelles
4. Solutions individuelles

KV 20 : Être dans l'eau, c'est beau !

1. a : le surf ; b : la plongée ; c : le snorkeling avec des tortues ; d : le stand up paddle ; e : la ballade en yole ronde ; f : le canoë-kayak dans les mangroves
2. Solutions individuelles
3. Solutions individuelles
4. Solutions individuelles

KV 21 : Le carnaval en Martinique

2.

2	Le dimanche gras est le premier grand jour de la saison. Il y a les premières parades avec des orchestres, des défilés avec des groupes costumés. On présente la Reine du Carnaval et aussi le Roi Vaval. C'est une énorme figure en bois et pailles. Il est le personnage le plus important du carnaval des Antilles françaises.
7	La fin du carnaval s'approche. Le soir du Mercredi des Cendres, tous les orchestres sont dans les rues et font de la musique, mais plus calme. Les gens portent des déguisements en noir et blanc. Tout le monde se réunit et pleure parce que c'est la mort du roi Vaval. Il est brûlé sur une place centrale. Ses cendres signifient la fin du carnaval.
4	La troisième grande journée est aux diables rouges. Le mardi gras, les personnes portent un costume rouge avec des masques de diables. Il y a des « vidés » et les diables effrayent les enfants. « Bouh ! »
1	Pour commencer, on peut dire que le carnaval de Martinique est à l'origine un mélange entre les traditions européennes et les traditions africaines pendant la colonisation. La musique et les chansons de carnaval sont très importantes. Les festivités sont similaires en Guadeloupe, en Guyane française et en Haïti.
5	Il y a encore des personnages très importants, comme par exemple les « Nèg Gwo Siwo ». Ce mot créole fait penser aux esclaves pendant l'époque coloniale qui ont réussi à s'échapper. Les carnavaliers se mettent de la mélasse de sucre de canne sur la peau. Attention, ça colle !
6	Et on peut aussi voir des hommes d'argile. Comme le nom l'indique, les personnes ont mis de l'argile sur leur corps et se transforment en statues.
3	On fête le carnaval en pyama le lundi gras. Les « vidés », ce sont les fêtes dans les rues animées par le groupe à pied, commencent déjà le matin. Le costume favori est le pyama et au cours de la journée a lieu le mariage burlesque : c'est un homme, déguisé en femme, et une femme, déguisée en époux, qui « se marient ».

3. a : Neg Gwo Siwo ; b : Roi Vaval ; c : les vidés ; d : homme d'argile ; e : un groupe à pied ; f : le diable rouge

V. LA FRANCOPHONIE DANS LE MONDE

KV 22 : Le grand quiz sur la francophonie

1 b) aux Pays-Bas
2 c) C'est une région française qui ne se trouvent pas en Europe.
3 a) le Mozambique
4 b) un très grand arbre
5 a) une équipe de foot féminin
6 a) vrai
7 b) Jacques Cartier
8 a) Maine
9 c) un plat typique du Québec
10 b) 4
11 c) Sainte-Lucie
12 b) l'île aux fleurs
13 a) un volcan
14 b) le kayak
15 c) un personnage du carnaval martiniquais